教育教学理论与现代教育技术研究

明世超◎著

吉林出版集团股份有限公司
全国百佳图书出版单位

图书在版编目（CIP）数据

教育教学理论与现代教育技术研究 / 明世超著. ——
长春：吉林出版集团股份有限公司，2023.6
ISBN 978-7-5731-3748-7

Ⅰ.①教… Ⅱ.①明… Ⅲ.①教育理论②教育技术
学 Ⅳ.①G40

中国国家版本馆CIP数据核字(2023)第141561号

JIAOYU JIAOXUE LILUN YU XIANDAI JIAOYU JISHU YANJIU
教育教学理论与现代教育技术研究

著　　者/ 明世超
责任编辑/ 金方建
开　　本/ 787 mm × 1092 mm　1/16
印　　张/ 10.5
字　　数/ 200千字
版　　次/ 2023年6月第1版
印　　次/ 2023年6月第1次印刷

出　　版/ 吉林出版集团股份有限公司
发　　行/ 吉林音像出版社有限责任公司
　　　　　（吉林省长春市南关区福祉大路5788号）
电　　话/ 0431-81629679
印　　刷/ 吉林省信诚印刷有限公司

ISBN 978-7-5731-3748-7　　定价　58.00元

前　言

　　随着互联网技术的飞速发展，传统单一的课堂教学模式也逐渐被多媒体互联网教学模式所取代。在当今应试教育环境下，现代教育技术对教育教学理论的创新起到了重要作用。探索新型教学文化，提高教学质量，激发学生的学习兴趣，促进学生的健康化、个性化发展，使学生真正成为学习的主人，成为教育事业的重要任务之一。

　　基于此，笔者以"教育教学理论与现代教育技术研究"为题，具体探讨教育教学的理论审视、教育教学的内容体系、教育教学及其信息化发展、现代教育技术与教学的融合、现代教育技术下的教学管理与评价、现代教育技术在教学中的创新应用六个方面的内容。

　　笔者为了写好本书，大到框架，小到细微的具体知识，都进行了细致的考察，希望能够奉献给广大读者一本实用的好书，但是由于时间仓促，难免出现一些问题，希望广大读者批评指正。

明世超

2023 年 9 月

目　录

第一章　教育教学的理论审视

第一节　教育的本质与目的

一、教育的本质

教育是培养人的一种社会活动，是传承社会文化、传递生产经验和社会生活经验的基本途径。"教育的本质就是教给人生存的能力"[①]。教育与人类几乎同时产生，与人的发展密切相关。"教育"一词，在中国最早出现在《孟子·尽心上》中的"得天下英才而教育之"。从受教育者的发展来看，教育既有教，又有育。我国古代的思想家、教育家，在许多典籍中，提到教育多用一个"教"字，如《荀子·修身》的"以善先人者谓之教"明确地指出：教育是培养人的一种活动，目的在于使人为善。在西方，"教育"一词来自拉丁文 educare。前缀"e"为"出"的意义，词根则为"导"的能动意义，二者合起来为"引出、导出"，意思就是采取一定的方法和手段，将原本潜藏在人身上的东西引导出来，使得潜质可以变成现实。"正确地认识教育的本质，有利于教育理论的创新和教学改革的发展"[②]。

（一）教育的重要起源

教育是伴随着人类的产生而产生的，并且伴随着人类的发展而发展。不同时代的教育，表现出相应的时代特征。关于教育的起源问题，有不同的认识，目前理论界主要有生物起源说、心理起源说、劳动起源说。

1. 生物起源说

教育的生物起源说以法国哲学家、社会学家利托尔诺和英国教育家沛西·能的基本观点为代表。利托尔诺在《各人种的教育演化》和《动物之教育》中认为，教育这种现象

---

①左晓光. 教育的本质 [J]. 师道·人文, 2021 (2)：1.

②赵林洁. 浅谈教育的本质 [J]. 才智, 2017 (33)：80.

是超出人类社会范围，并在人类出现之前产生的，不是人类社会所特有的现象，教育起源于动物界，起源于动物的生物本能。利托尔诺根据对动物生活的观察，认为在动物界存在着如大猫教小猫捉老鼠、雌象教幼象觅食等之类的教育活动形式。与动物一样，人类为了保存延续其种族，都会通过遗传所获得的本能，将"知识、技能、技巧"传授给下一代。

教育是人和动物所共有的活动，在教育这个问题上，人类和动物没有本质区别。沛西·能在其《教育原理》一书中，也认为教育是一个生物学的过程，不仅人类社会，甚至在高等动物中间，也有低级形式的教育，即教育是与种族需要相适应的，是天生的，而不是获得的表现形式，是扎根于本能的不可避免的行为。生物起源说把教育概念生物学化，把人类教育的起源归结于动物的本能行为，没有把握人类教育的目的性和社会性，没能区分人类教育与动物界类似的教育行为之间的差别，将动物适应环境、求得生存而进行的本能性活动作为人的教育的基础，忽视了人的教育与动物的本能性生物行为之间客观存在的本质区别，从根本上否定了人与动物的本质区别，否认了教育的社会性。

2. 心理起源说

教育的心理起源说，以美国著名教育史学家保罗·孟禄为主要代表人物。孟禄认为，教育起源于生物本能的观点，忽视了人的心理和动物的心理的本质区别。在 1905 年出版的《教育史教科书》中，孟禄通过对原始教育系统进行深入的研究发现，在原始社会中，没有专门的学校和教师，缺乏系统的知识和经验，也没有一定的教材，更不可能采用一定的教学形式和教学方法，人们只好采用简单的无意识模仿来获得经验、技能。这种无意识模仿就是教育产生的基础教育的心理起源说。虽然从动物界回到了人类社会，但这种观点把全部教育都归结于无意识状态下的模仿行为，然而人的一切活动都是在有意识支配下的目的性行为。教育的心理起源说否定了教育的意识性和目的性。

3. 劳动起源说

在劳动起源说的认知中，劳动使猿的机体逐渐进化为人的机体，在劳动过程中，作为劳动器官的双手和作为思维器官的大脑逐渐形成和发达起来。大脑的发达，为语言的产生提供了条件，在生产劳动中，人们之间逐渐感到仅仅依靠手势和表情已不能满足需要，常常出现非说不可的情况，这就需要有一种统一的、较高级的信号来传递思想情感和交流信息，于是就产生了语言。

人类大脑的发展和语言的产生，为教育的产生创造了必要的条件。人类在生产劳动过程中，不论是制造工具或者使用工具等方面，都逐步地形成了一定的技能、技巧，积累了一定的经验。为使生产劳动继续进行，保证人类社会的生存延续，年长的一代有必要把这

些技能、技巧和生产经验传给年轻一代。教育就是从这种生产劳动的实际需要中产生的。人类在生产劳动中，不仅要同自然界发生联系，而且人与人之间也要产生联系，换言之，人们在从事物质生产的同时，也就建立起某种生产关系。

人类的劳动从一开始就是一种社会的共同劳动。在这种共同劳动的过程中，社会成员必须遵守一定的社会行为准则，如服从劳动纪律、尊敬有生产经验的长者等，所以，年长的一代为使年轻一代尽快习惯于在一定生产关系和社会制度中进行生产劳动和生活，就需要把一定的社会传统、道德观念、行为规范等方面的经验和知识传给年轻一代。这些思想、观点和知识经验的传递，也促进了教育的产生和发展。教育就是从这种生产劳动的实际需要中产生的。人类为了生存和发展，把世世代代在生产劳动中和社会生活中积累起来的经验，传递给下一代。这种教育活动是有意识、有目的的，是只有人类所具有的，它区别于动物的无意识的、本能的行为。动物只是单单地使下一代被动地、单纯地去适应环境，这是动物的本能活动，是天生的，是由遗传获得的，在意识上是不存在的。而人类要使年轻一代在适应的基础上认识社会，改造社会，促进社会的发展。

教育不是产生于本能的需要，而是出于人所意识到的社会需要。通过教育活动来进行经验的传递，这是人类社会所特有的。其他动物在种系的发展中，对于怎样适应环境更便于自身的生存，也有一种信息的储存和传递，而信息主要储存于遗传基因中，这种信息不是以教育和学习的方式，而是以遗传的方式在一代一代之间进行传递的。人类在生产劳动和社会生活中所获得的经验与知识，可以借助语言和文字，使之脱离个体而独立存在，可通过教育和学习在个体之间相互传递。教育的劳动起源说认识到了推动人类教育起源的直接动因，是劳动中人们传递生产经验和生活经验的实际社会需要，突出了教育的社会性、目的性和意识性，广为人们所接受。

（二）教育的发展进程

教育自产生之日起，就随着社会的发展变化而变化。在人类社会发展的不同历史阶段，由于生产力发展水平不同，生产关系和政治制度不同，教育也就有着不同的性质和特点，从而形成了不同形态的教育。随着社会的发展，教育相继经历了原始社会的教育、古代社会的教育、近代社会的教育和现代社会的教育四个基本阶段。

1. 原始社会的教育

原始社会是人类的第一个社会形态。人类对自然、对人类自身知之甚少，生产工具主要是采用自然之物或是经简单打磨的石器。这种知识的贫乏和工具的简陋反映了早期人类的实践水平，制约了早期人类实践的范围，由此获得的物质生活资料在数量和种类上都是有限的。劳动的产品只能维持最低限度的生存需要，没有剩余。为了维护族群的生存，人类仅仅过着原始的集体生活，共同劳动再分配食物。原始状态的社会生产状况以及社会生活方式，决定了教育的原始性质。

（1）教育过程的原始性。原始社会的教育在内容上和形态上都还未达到独立的专门化状态，它主要是在生活中进行的，即教育活动与生产活动的不分化性。年长的、有经验的人是当时的教育者，儿童则是教育的对象。

（2）教育的无阶级性和平等性。由于生产力不足，体脑劳动没有鲜明的区别，教育对象没有等级的区分，所以原始的教育是平等的。教育资源为全体社会成员所共享，教育面向所有氏族部落的儿童，教育也就不具有阶级性。

（3）教育内容的贫乏性和教育方法的简单性。教育内容是与生产直接相关的经验与技能，以及与生活密切联系的各种行为规范，内容十分欠缺，如有关生产工具的认识与使用，追捕野兽的方法，原始的艺术、礼仪等。教育方法也比较简单，主要是口耳相传和实践模仿。

2. 古代社会的教育

古代社会存在不同的社会形态，虽然生产力的发展水平不同，但社会性质基本相同，在此基础上的教育也存在着许多相同之处。进入阶级社会后，生产力得到发展，教育也获得了发展并完全被统治阶级所把持。古代社会的教育具有以下特点。

（1）出现了专门的教育机构——学校。随着铜制、铁制生产工具的出现，生产力水平得到了提高。生产力的发展为社会提供了相当数量的剩余劳动，为学校教育的产生奠定了物质基础，出现了依靠剩余劳动生存的学者和学生。加之文字的记载和整理达到了一定程度，文化的发展使得所有内容都能够传递且必须传递，学校由此产生，这标志着教育在历史发展中进入了一个新的阶段。

（2）教育开始专门化，从生产和生活过程中脱离出来，形成自己相对独立的形态。在夏朝，已经有"庠""序""校"等三种学校名称；在西周，学校教育制度的发展已比较完备，出现了"学""瞽宗""辟雍""泮宫"等当时意义上的学校形式。这一历史阶段的教育，开始同生产劳动相分离，并完全成为培养阶级继承人，以及实施社会教化的一种工具，文化教育完全为贵族所垄断，即"学在官府""政教合一"。

（3）具有鲜明的阶级性和严格的等级性。阶级的存在规定了教育的阶级性。学校的等级与权力分配紧密联系在一起。在中国突出表现在唐朝的中央官学设有"二馆六学"。在地方设立的学校，有州学、府学、县学，这些学校的入学条件虽无严格的等级限制，但由于名额所限，只有地方官员和权贵的子弟才有入学机会。在西欧，宫廷学校为皇室子弟专设，皇室之外的贵族子弟接受骑士教育，僧侣及其子弟接受教会学校教育。

（4）教育内容重视社会的典章制度教育，与生产劳动相脱离。在古代社会，中国学校主要授以"四书五经"等儒家经典，与生产等相关知识的教育处于较低的社会地位。例如我国学校教育的内容是以礼、乐为中心的文武兼备的"六艺"教育：礼，包括政治、历史和以"孝"为根本的伦理道德教育；乐，包括音乐、诗歌、舞蹈教育；射，即射技教育；御，即以驾兵车为主的技术教育；书，即学习写字的教育；数，即简单的数量计算教育。我国教育的内容为经、史、子、集等，其中"四书"（《大学》《中庸》《论语》《孟子》）、"五经"（《诗》《书》《礼》《易》《春秋》）影响较大，是最主要的教材。

（5）教育方法崇尚书本。教育的阶级性、等级性规定了受教育者从内心到外在行为，必须坚决服从社会阶级、等级秩序。教育教学过程是管制与被管制的过程，师生关系是不平等的，学生处于依从与被动地位。知识的学习只能是机械记忆、背诵，对既成定论的接收不容许思考、怀疑。同时，辅以严格的纪律约束，对质疑社会秩序、违反纲常伦理者处以重罚。这种崇尚书本的教学方法，限制人的思维活动、独立个性和创造潜能。当然，也应看到教育方法上的进步，如孔子的启发式教学、苏格拉底的问答法（产婆术）等重要教育思想都是在这一时期形成的。

3. 近代社会的教育

（1）国家开始重视并干预教育，公立教育建立。19世纪以前，欧洲各国学校教育的权力被垄断。19世纪以后，政府逐渐认识到教育的重要性，采取措施干预教育，并逐渐建立了公共教育系统。国家干预教育，最初发生在工业革命的策源地英国。1833年，英国议会开始拨款资助发展初等教育，并加强对教育的监督和管理。法国在19世纪初，颁布了一系列法令，加强对教育的控制，这对于教育的发展影响深远。

（2）初等义务教育普遍实施，教育全面普及。随着生产力的发展、机械化工业革命的基本完成和电气化工业革命的兴起，从事生产的劳动者越来越需要有一定的科学知识和技术。1870年英国政府颁布《初等教育法》，其中最有意义的是强迫初等教育。1880年，英国政府又颁布教育法令，规定5~10岁为义务教育年限，1893年提高到11岁，到1899年又提高到12岁。法国在1879年颁布的《费里教育法》中确立了国民教育义务、免费、世俗化三原则，这有力地促进了法国义务教育的实施和普及。德国是世界上最早提出实行义务教育的国家，1885年普鲁士实行免费初等义务教育。德国先后颁布多个《初等义务教育法》，促进了义务教育的发展。在美国，马萨诸塞州于1852年成为第一个颁布义务教育法的州，密西西比州于1918年最后一个颁布义务教育法，义务教育在美国普遍实施。

（3）教育系统开始完善。科学技术的发展和社会分工的日益复杂，不仅为教育规模的扩大和速度的提高奠定了坚实的物质基础，而且还对劳动者的科学文化水平提出了不同性质、不同层次的要求。由此，近代教育系统逐步完善起来，形成了一个多层次、多系统的复杂的教育网络。随着时代的发展，社会上既有普通基础教育，又有专门职业教育和技术教育，还有培养高级专门人才的高等教育和各级各类的成人继续教育等，适应了工业革命发展的要求。

（4）创立并采用了新的教学组织形式——班级授课制。随着学校教育教学规模的扩大，个别教学组织形式已不适应教育发展的要求，于是班级授课制开始产生，成为教学的基本组织形式。捷克教育家夸美纽斯对班级授课制从理论上加以了总结和论证。

（5）教育手段日益现代化。近代科学技术的进步和发展使教学设备和教学手段得到彻底更新，教师突破传统教学手段的限制，运用与教学内容相适应的实验、演示、实习及电影等教学手段进行教学。

4. 现代社会的教育

现代社会正在走向以知识、信息为主导的社会，是高科技的文明社会，是更加依赖于教育的社会，是竞争和合作并存的社会，是更加关注生命的社会，是要求人的素质更加综合化、全面化的社会。现代社会的特点决定了现代教育的特点。

（1）现代教育与生产劳动的结合日益紧密。以现代科学技术为基础的现代大机器生产，要求广大劳动者懂得科学技术，通晓生产原理，掌握现代生产知识、技能。这样的劳动者，文化素质是基础，生产技术素质是条件，仅仅靠脱离生产的教育或是没有教育的生产过程是很难培养成的。只有通过同生产劳动紧密结合的学校教育，才能培养大批熟练工人、技术人员和管理者。

教育与生产劳动相结合包括两个方面：一方面，现代生产要求生产劳动和教育相结合，现代生产的特点决定了生产力的提高，已经不再单纯取决于劳动时间的延长和劳动数量的增加，主要取决于生产过程中科学与技术的应用程度，即劳动者的教育程度越高，劳动熟练程度和工艺水平越高，劳动生产率越高；另一方面，科学技术日新月异地发展，引起劳动领域的不断变革，又必然要求教育主动同生产劳动相结合，使新兴的技术及时在课程中得以体现，使劳动者通过学习不断掌握现代生产所需要的最新科学技术，以适应现代生产对人的素质的新需要。

因此，现代社会客观上要求教育必须与生产劳动相结合，与现代生产和国民经济发展的要求相适应，反映生产的要求。这是社会生产力发展的客观规律。当前教育与生产劳动相结合已成为现代教育的发展趋势，引起了世界各国广泛的重视，成为与以往教育相区别的一个重要特点。

（2）教育民主化进程加快。20世纪60年代以来，教育民主化成为世界教育改革的主流，成为许多国家主要的教育政策。教育民主化包括教育的民主与民主的教育两个侧面。教育的民主是民主外延的扩大，即把政治的民主扩展到教育领域，使受教育成为公民的权利和义务；民主的教育是教育内涵的加强，即把不民主的教育改造成为民主的教育。为了实现教育民主化，一方面要做到教育的普及化，另一方面要达到教育质量和效果的平等。

教育民主化要使全体社会成员都享有越来越多的受教育机会，受到愈来愈充分的教育。在教育机会面前人人平等，人人成为民主化教育的主体，这是教育平等的基本内涵。教育民主化要从外部民主深入内部民主，关注每一个受教育者的发展，关注受教育者的个性发展，培养社会所需要的具有独立思考能力、独立工作能力和创新能力的个性化人才。教育民主化既是个人发展的需要，也是社会发展的需要，更是现代教育发展的需要。

（3）教育形式、手段的多样化。进入现代社会，生产力和科技的发展对人提出了更高的要求，也为教育目标的实现提供了物质保障，各种教育形式应运而生，如普通教育、职业教育、特殊教育、函授教育、广播电视教育、多媒体远程教育等教育形式。多种规格的教育形式形成了一个多样化、网络化的立体教育。教育手段也经历了重大的变革，以电影、电视、广播，以及以计算机为核心的多媒体教育手段广泛应用。现代化的教育手段使教育跨越了时空的限制。

（4）教育内容的综合化。原始社会，教育内容原始地融合于各种生产活动和社会生活中。近代社会，科学的发展使各门科学进一步分化出来，形成各门具体的学科。到了现代社会，社会的发展愈来愈要求人们成为具有综合素质的全面发展的人才。教育内容综合化成了现代教育发展的必然要求。教育内容的综合化在学校教育中最为明显的反映是科学教育与人文教育的融合。科学教育是指向自然科学和技术的教育，而人文教育主要是指向人文精神和人文知识的教育。

综合化的教育包括社会科学的教育、美学艺术的教育，通常称为人文社会科学或哲学社会科学教育。一般而言，无论是西方还是中国，在古代、在中世纪直到18世纪，人文教育始终有着不可动摇的地位和绝对优势，或者说是一种以人文教育为主、人文教育和科学教育相融合的教育。19世纪30年代以来，科学教育在世界教育领域，是从科学课程进入西方国家学校后开始的。随着科学在近现代社会发展中的巨大作用日益明显，科学教育也就逐渐在教育领域占据了核心位置，而人文教育被压倒，逐渐处于旁落的地位。

20世纪初，西方国家就有一些人开始要加强人文教育，但是直到今天，人文教育相对薄弱的状况，以及人文教育与科学教育相脱离的现象仍然是一个严重的社会现实。这种状况已经引起了各国教育界的深切忧虑。因为现在人们越来越深切地感受到当代世界面临的种种问题和危机，如人口问题、资源问题、环境问题等，无不与人文精神的衰落有关。对于如何解决这些矛盾，人们逐渐认识到在现代社会中必须加强人文教育，重新弘扬人文精神，科学教育与人文教育的融合已成为各国教育界的共识和追求，是教育发展到现代社会的时代精神。

（5）终身教育成为各国的共同追求。教育贯穿人的一生，呈现终身化。在当代社会，科技创新速度加快，社会急剧变革，这就要求人们不断地接受教育训练，因而终身教育越来越成为普遍的观念。法国成人教育家保罗·朗格朗最早提出终身教育理论。

数百年来人们将人的一生分为两个阶段，即生活准备阶段（幼年期和青春期）与实际活动阶段，并认为在前一个阶段所获得的知识和能力可以在后一个阶段一劳永逸地享用，这是毫无根据的。接受教育应当是人的一生不断反复的过程，应当是一个人生命中一直持续着的事情，教育应当在每个人需要的时刻以最好的方式提供必需的知识和技能。在1972年，联合国教育、科学及文化组织国际教育发展委员会发表了《学会生存教育世界的今天和明天》，对终身教育的理论、原则进行了系统而深刻的论述，其独特贡献还在于它揭示了人的未完成性与终身教育的内在联系。该书的出版直接推动了终身教育思想的迅速传播，使得这一全新的教育理念得到世界各国的普遍认同。终身教育在时间上具有连续性，它贯穿人的一生，是不间断的学习过程；在空间上，融合了学校教育、家庭教育和社会教育，是多元的立体整合。终身教育思想的提出和实施，对于当代世界教育改革以及发展具有十分重要的意义。

（6）努力实现教育的现代化。教育现代化是经济结构的变革等在教育上的反映。社会现代化的发展不仅改变着社会物质生产和生活，也在不断地改变着人们的价值观念、生活方式。社会的现代化要求人的现代化，而人的现代化要求教育的现代化。因此，教育现代化是各国在社会现代化进程中不可或缺的重要组成部分。

教育现代化包括教育观念的现代化、教育制度的现代化、教育内容和教育方法的现代化，其中教育观念的现代化尤为重要。这就要不断更新教育观念，改革教育体制，变革教育手段，调整教育内容，提高教师素质。教育现代化是一个全球性的不断变革发展的过程。教育现代化的过程中，不可避免地出现了教育的多元化。教育多元化包括教育思想的多元化及教育目标、办学模式、教学形式、评价标准等的多元化。在教育界，人们通常把教育多元化理解成教育现代化过程中的必然产物。

（三）教育的构成要素

事物总是由一定的相互联系的要素构成的，要彻底认清事物的复杂性，揭示出事物的

本质，就必须研究该事物的要素组成及各要素间的基本关系；否则，对事物就不可能有深刻的认识。教育活动是一个由多因素组成的非常复杂的整体系统。任何教育都是教育者借助一定的教育手段，将教育内容传授给受教育者的活动过程。教育主要由教育者、受教育者、教育内容、教育手段四个基本要素构成，具体内容如下。

1. 教育者

教育者是教育过程中"教"的主体。在教育活动中，以"教"为职责的人是教育者，教育者是构成教育实践活动的基本要素，是社会文化和价值取向的传播者，是科学知识和社会文明的传播者，是教育活动的设计者、组织者和实施者，对教育活动的开展起领导作用，是学生学习发展的指导者，是一个具有自我提高能力的学习者。教育者代表着社会的利益和要求，受过专门的培养和训练，承担着为社会培养人才的使命，其基本职能就是以其自身的活动来引起和促进受教育者的身心按照一定的方向发展。离开教育者及其有目的的活动，教育也就不存在了。

2. 受教育者

受教育者是教育过程中"学"的主体。在教育过程中，以学为职责的人被称为受教育者。受教育者是教育实践活动的对象，自然就成为教育活动的基本要素，没有受教育者，同样也没有教育活动的存在。受教育者不仅是教育的对象，而且是学习的主体。受教育者是学校存在的主体，是学校和教师评价的主体，是教育任务完成的主体。此外，受教育者的主体性还体现在，受教育者的身心发展特点制约着教师的"教"，受教育者的独立性、选择性、需要性、创造性和他们个人的兴趣爱好、主观能动性等这些主体性特征也制约着教师的教学活动。在教育实践活动中，如果没有受教育者的积极参与，没有学生主观能动性的发挥，那么教育活动就难以取得预期的效果。随着受教育者知识和能力的增长，其主观能动作用在教育活动中表现得愈来愈明显，所起的作用也愈来愈大。

3. 教育内容

教育内容是师生共同认识的客体。教育内容是教育者作用于受教育者的影响物，它基于一定社会的生产力和科学文化技术发展水平之上，根据教育目的经过精心选择和加工，是适合受教育者身心发展水平的特殊影响物，是人类文化的精华。教育内容是联系教育者和受教育者的中介，在学校中的具体表现形式是课程计划、课程标准和教科书，以及其他形式的信息载体，是向学生传授的知识和技能以及思想和观点、培养的习惯和行为的总和。

4. 教育手段

教育手段是指教育者将教育内容作用于受教育者所借助的各种形式与条件的总和。教育手段包括精神手段和物质手段。精神手段主要指教育者对教育规律的认识、教育方法的掌握、教育艺术的运用以及教育途径的选择。物质手段主要指进行教育活动时所需要的一切物质条件，如教育的活动场所与设施、教育媒体及教育辅助手段等。

教育手段作为教育者影响受教育者的中介，是构成教育实践活动不可缺少的基本要素，是实现教育目的、全面完成教育教学任务的重要保障，它直接影响教育的质量和效果。教育的基本要素既相互联系，又相互独立，共同构成了教育活动这个极其复杂的体系，如教育者与受教育者之间的关系、教育者与教育内容和教育手段之间的关系、受教育者与教育内容和教育手段之间的关系、教育内容与教育手段之间的关系等。

（四）教育的社会属性

对教育属性的认识，就是了解教育的本质特别是了解教育这种社会现象与其他现象之间存在的差异与矛盾，从而了解教育区别于其他事物的本质属性。所谓本质，是该事物区别于他事物的内部规定性，它是由事物内部矛盾的特殊性决定的。教育的固有本质是一种培养人的社会活动，教育的本质属性就是人类特有的、以影响和发展人的身心为直接目的、有意识地培养人的社会实践活动。教育作为一种社会现象，是社会的一个组成部分，与社会生活各个方面有着广泛的联系，因而教育还有体现自身特征的社会属性。

1. 永恒性

教育是人类社会特有的现象，它产生于人类社会的生产劳动，并随社会的发展而发展。只要人类社会存在，教育就存在。教育的永恒性是由它本身的职能决定的。教育作为传承文明的手段，使人类文明代代相传；教育作为社会发展的前提，使人类社会不断完善。教育从产生之日就具有传递社会生产经验和社会生活经验这两种最主要、最基本的职能。人依靠生产劳动维持生活，依靠教育来传递社会生产和社会生活的经验。如果没有教育，任何社会都将无法进行物质财富和人类自身的生产和再生产。由此可见，教育是人类社会赖以存在和发展的必要条件，是人类社会物质资料和人类自身的生产与再生产必不可少的手段。因此，教育是人类社会生活普遍的、永恒的范畴，具有永恒性。

2. 历史性

教育随人类社会的产生而产生，随人类社会的发展而发展。在人类社会不同的历史时期，教育的性质、目的、内容、具体表现形态各不相同。教育是一个历史的范畴，具有历史性。教育的历史性集中表现在时代性和阶级性两个方面。教育的时代性主要是指教育的发展受不同时代生产力发展水平的制约。不同时代有不同的教育，不同时代的教育有不同

的特点；同一时代的教育，无论其社会性质如何，会有某些共同的时代特征。教育的阶级性是阶级社会里教育的属性之一，指一定的教育反映一定阶级的利益并为之服务的特性，即教育为谁培养人的问题。教育的阶级性是由阶级决定的，集中地体现为教育的社会性。教育的阶级性不是永恒的，而是历史的，是人类社会发展到一定阶段的产物，它只存在于人类社会一定阶段的教育中。

3. 社会性

教育的社会性是教育的基本属性，指教育是培养人的一种特有的社会现象。教育同社会的产生和发展有必然的联系。教育是传递生产经验和社会生活经验的必要手段，是人类社会延续和进步的必要条件。教育以越来越复杂的形式适应社会发展的需要，为一定社会的政治和经济服务。教育主要通过语言和文字来进行，而语言以及文字是人类社会的产物，是人类社会所特有的。教育起源于劳动，而劳动是在人类社会集体中进行的。教育是适应人们在生产劳动过程中传递生产经验和社会经验的实际需要而产生的。教育自从生产劳动中分离出来后，便担当起独立的社会职能，成为专门传递人类社会的物质文明与精神文明和培养人的活动，最终目的是使人社会化。

4. 独立性

教育是专门培养人的活动，与人类社会的生产生活紧密联系，但它在发展中形成了自身的规律，表现出自己的独立性特点。教育的发展体现出自己的发展逻辑，与过去的教育有深厚的渊源，具有自身的继承关系。教育与社会政治、经济制度和生产力发展水平不是完全同步的，存在着教育超前或滞后的现象，表现出与社会政治、经济发展具有不平衡性。总而言之，教育这一社会活动与社会其他活动之间存在着本质的区别。教育以人的身心为其活动的对象，以促进人的发展进而促进社会的进步为根本目的，这是教育本质属性的基本反映。

（五）教育的显著特点

1. 教育的根本特点

在人类社会中，存在着众多的社会现象，每一种社会现象都有它的本质特征。教育区别其他社会现象的根本特征在于教育是有目的、有意识地培养人的社会实践活动。专门培养人是教育的根本职能，是教育的特质所在，这是教育的最基本的特征。对于一个具有生物实体的人而言，只有在其成长的过程中给予必要的教育，他才有可能从一个生物实体的人转化成为社会人。教育活动的目的就在于：使人能够成为一定生产力的承担者、一定生产关系的体现者和一切精神生活的积极参与者，在于把生物实体的人转化为社会现实的人，在于使个体的发展和社会的发展相统一。

培养人是教育最直接的目的，也是教育最本质的属性。因此，教育最基本的特点是专门培养人，这一本质特征贯穿于人类社会的一切教育之中。其他社会现象也对人直接或间接地产生影响，如环境、社会实践活动及上层建筑等。但是，由于它们不是以培养人为专门的职能，因此，对人的影响不是系统的、全面的，都有偶然性和片面性。而以专门培养人为根本职能的教育，又有专门经过培训的教师，对人的影响总是在遵循人的身心发展规律的前提下，有目的、有计划、有组织地进行的，因此，它对人的影响总是全面而系统的，指向人的身心发展的各个方面，对人的影响也是最有效的。专门培养人是教育的核心特点，教育的其他特点都是围绕这个特点而展开的不同方面。

2. 全面性和系统性

教育影响人的一个突出特点还在于全面性和系统性。教育是培养和塑造人的专门活动，它不仅把个体人作为自己的活动对象，而且也把受教育者作为一个完整的人来施加影响。一个社会的人，为了适应社会生产以及社会生活，必须承受社会现有的生产力和社会关系，同时参加生产和生活实践活动，这些都必须以自己的身体这一物质基础为前提。因此，一个人的形成是身心的统一，是思想意识、知识技能及体质、体力等方面的综合发展。

教育对人的综合发展的影响是全面的。人的各方面品质的形成不是一朝一夕的事情，具有由低级向高级连续发展的规律，并且各品质之间存在着相互影响、相互作用的关系。这些就决定了教育的全面性和系统性的特点。教育的全面性和系统性的特点，要求教育实践中对受教育者要进行德、智、体、美、劳等全面发展教育，循序渐进，系统培养。

3. 自觉性和强制性

教育对人的影响作用的发挥，一方面具有自觉性的特点，另一方面也体现着一定的强制性特征。教育具有自觉性的特点在于教育的对象是人，人是有主观能动性的。教育要真正发挥对人的影响的效能，就必须充分调动教育对象的自觉性。教育要实现社会对人的要求，必须努力把社会的要求变成个体的愿望和需要，从而使个体产生行为动机。但是，要充分发挥教育对人的影响的效能，仅靠教育去调动人的自觉性是远远不够的，还必须同时辅以"约束"力，即教育具有一定的强制性。教育活动中的自觉性必须以一定的规范性和约束性为前提，而教育过程中的约束性和强制性又要以自觉性为基础。

4. 现实性和未来性

教育从现实出发，要为社会现实服务，其活动效果具有现实性的特点。教育是培养人的活动，是一个长期的过程，因此具有未来性的特点。教育效果体现现实性和未来性是教育的一个重要特点。教育的现实性是指教育要满足当前社会发展对人才的需求以及社会成员现实生活对教育的需要和满足。教育要立足现实培养人才，特别是作为知识经济或学习经济时代的核心和主题的教育，必须满足经济基础和政治利益的要求，为社会现实发展服务。

教育的效果更体现未来性，因为一个人的成长有一定的客观规律和时间过程，需要一定的时间周期和精心的培养，其效果需要十几年甚至几十年之后才能体现出来，即教育效果具有迟效性。从总体上而言，教育总是指向未来的，即它要培养的人，不仅仅是简单地为了适应现实生活，更是为了通过对现实生活的适应来改造现实，以创造更为美好的未来。因此，教育正是基于现实而指向未来的，超越性是教育的本质所在。教育效果的未来性决定教育必定具有超越性。教育的超越性本质，并不排斥教育必须从现实规定性出发。具有超越性的教育，不是以现实的规定性来限制教育，而是树立教育要立足长远、系统艰巨、效果后发的思想，善于把未来性赋予一定的现实性。

二、教育的目的

"教育是一个永远无止境的过程"[①]，教育的目的是指教育要达到的预期结果，是对教育在培养人的规格标准、努力方向和社会倾向等方面总的要求。目的是被意识到了的人的需要，是主体对于价值的直觉追求。教育目的反映的正是教育者的教育需求，反映的是对受教育者的身心素质的期待。其中包含着教育者所期待的理想和对学习者的希望，也包含着其对教育在社会中的作用的理解。

（一）教育目的价值取向

人们在选择和确立教育目的时，不仅要注重体现个人价值、发展个性、满足个人的需要，还要注重社会价值、从社会需要出发，根据社会需要来确定，这涉及教育目的的价值取向问题，人们总是从各自的利益和需要出发，在选择和取舍中体现人们不同的价值追求。

---

①张蓓. 浅析教育的目的 [J]. 时代经贸，2014（3）：328.

教育目的的基本价值取向是指国家或民族在选择和确立总体教育目标时，对教育目的的价值性进行选择时所具有的倾向性。选择以及确立教育目的，必然涉及教育目的的价值取向问题，即对教育目的的价值性进行选择时所具有的倾向性，因为人们在选择和取舍教育目的时，总是从各自的利益和需要出发，体现人们不同的价值追求。

教育目的选择和确立的价值取向涉及的基本问题，是人本位和社会本位的价值取向问题。人本位的价值取向，指把人的价值看成高于社会价值，把人作为教育目的的根本所在的思想主张，其特点是重视人的价值、个性发展及其需要，把人的个性发展及需要的满足视为教育的价值所在；教育目的的根本在于使人的本性、本能得到自然发展，使其需要达到满足；主张应根据人的本性发展，以及自身完善这种"天然的需要"来选择确立教育目的。按照人的本性和发展的需要来规定教育目的。社会本位的价值取向是把满足社会需要视为教育的根本价值，其特点是：教育是培养人的社会实践活动。教育培养的效果，只能以其社会功能来加以衡量，教育目的应根据社会需要来确定。

上述两种教育目的的价值取向，虽各有一定道理，但都有其绝对化和僵化的一面，在现实的教育活动中，首先，应把满足人的发展需要和社会需要结合起来，把重视人的价值和重视社会的价值结合起来，二者并非非此即彼；其次，二者在实践中也并非"平分秋色"或"分量相等"，应予以动态的、发展的把握；最后，就教育目的实现的着眼点而言，人的发展是教育的直接目的，是教育的社会价值和人的价值实现的着眼点。

（二）教育目的实现策略

教育目的实现的策略，是指国家为实现教育目的所进行的科学务实的实施思路与操作方法的系统安排。我国的教育目的对人的发展要求是明确的，这些要求的实现必然依托于有效的教育实践。教育实践背离教育目的的宗旨，这是我国当代教育亟待解决和防止的重要问题。如果要解决这一问题，需要采取以下策略。

第一，树立全面发展观。全面发展是指人的多方面素质获得相对均衡发展。人的发展是社会发展的先决条件，是社会发展的终极目的。推进人的全面发展，同推进经济、文化的发展和改善人民物质文化生活是互为前提和基础的。人越全面发展，社会的物质、文化财富创造得越多，人民的生活就越能得到改善，而物质、文化条件越充分，又越能推进人的全面发展。教育要面向现代化，面向世界，面向未来，理应把培养全面发展的人作为其基本指向。

第二，促进学生主动发展。主动发展是指教育要给学生提供自主发展的空间，让学生生动活泼地发展。主动发展反对以往将社会的、成人的要求强加给儿童，主张教育不应与任何功利的和职业的考虑相联系。这种教育思想对教育的工具价值进行了修正，强调教育的个体价值，把人的发展放在了教育的首位。在此观念指导下，教学采用较为开放的形式，学生的学习方式也会更加灵活。

第三，突出学生个性发展。人的本性是千差万别的，教育要使每个儿童都合乎人性的发展，就必须考虑到学生的个体需求，以对学生的基本发展要求作为教育底线，同时为每个人的个性发展提供制度空间，包括教育制度和环境设施等。这同时要求教育要有一个全面的、科学的评价体系做保障，如果社会、教育主管部门再用"应试成绩"评价学校的工作，那么个性发展就不能实现。

第四，实现学生全体发展。全体发展是指让每个学生在教育中都能进步，都能发展，尤其是为后进生提供合乎其发展需要的教育平台。教育的发展水平不是由少数"尖子生"的发展决定的，而是取决于部分后进生的发展，教育的真正要义不是培养精英，而在于全民素质的提高。

第五，强调学生可持续发展。"可持续发展"对于教育而言，是指人的学习活动的可持续性。随着信息社会的到来，学习作为获取知识、改良生存状态、提升人的生命境界的一种活动，在实现阶层流动中所起的作用越来越大，原来阶段性的学习将不能满足现代人的需要。于是，终身学习作为一种教育理念为世界各国所倡导。教育作为有组织地促进人发展的活动，应在促进人的终身学习能力和习惯上起到关键的作用。因此，学生的学习应是指其在一生中主动地、有意识地获取知识的行为，应更注重学习行为的持续性和长时段性。

第二节 教育的理念与教育学

一、教育的理念

教育理念是关于教育的一般原理和规律的理想的观念。所谓教育理念，是指关于教育未来发展的理想的观念，它是未来教育发展的一种理想的、永恒的、精神性的和终极的范型。现代教育理念为我们提出了教育的理想模式，它作为社会文化的典型代表，保持着对社会政治、经济、文化发展的前瞻性。

经过长期对教育实践和教育理论的深入研究，人们为现代教育理念赋予了比较深刻的思想内涵。一方面，在理论层面上，现代教育理念改变了传统教育侧重应试教育的特征，突破了经验导向的限制，内容上更加系统，更具有针对性，被赋予了创新精神、冒险精神、开拓精神以及批判精神等思想内涵，显示出了客观、可信的科学特征；另一方面，在操作层面上，现代教育理念在指导教育实践过程中更加成熟，呈现包容性、可行性、持续性的特点，势必对学校教学起到很好的导向作用。现代教育理念归纳起来包括以下方面。

（一）以人为本和全面发展的理念

第一，以人为本的理念。当前社会已经由重视科学技术为主发展到以人为本的时代，教育作为培养和造就社会所需要的合格人才，以促进社会发展和完善的崇高事业，自然应当全面体现以人为本的时代精神。因此，现代教育强调以人为本，把重视人，理解人，尊重人，爱护人，提升和发展人的精神贯注于教育教学的禀赋和潜能，更重视人自身的价值及其实现，并致力于培养人的自尊、自信、自爱、自立、自强意识，不断提升人们的精神文化品位和生活质量，从而不断提高人的生存和发展能力，促进人自身的发展与完善。鉴于此，现代教育已成为增强民族凝聚力的重要手段，成为综合国力的基础并日益融入时代的潮流之中，备受人们的青睐与关注。

第二，全面发展的理念。现代教育以促进人的自由全面发展为宗旨，因此，它更关注人的发展的完整性、全面性。全面发展的理念是面向全体公民的国民性教育，注重民族整体的全面发展，以大力提高和发展全民族的思想道德素质和科学文化素质，提高民族的知识创新和技术创新能力，增强包括民族凝聚力在内的综合国力为根本目标；表现在微观上，它以促进每个学生在德、智、体、美、劳等方面的全面发展与完善，造就全面发展的人才为己任，这就要求人们在教育观念上实现由精英教育向大众教育、由专业性教育向通识性教育的转变，在教育方法上，采取德、智、体、美、劳等"五育"并举、整体育人的教育方略。

（二）素质教育和创造性的理念

第一，素质教育的理念。现代教育扬弃了传统教育重视知识的传授与吸纳的教育思想与方法，更注重教育过程中知识向能力的转化工作。良好的素质，强调知识、能力与素质在人才整体结构中的相互作用、辩证统一与和谐发展。针对传统教育重知识传递、轻实践能力，重考试分数、轻综合素质等不足，现代教育更加强调学生实践能力的锻造，全面素质的培养和训练，主张能力与素质是比知识更重要、更稳定、更持久的要素，把学生综合

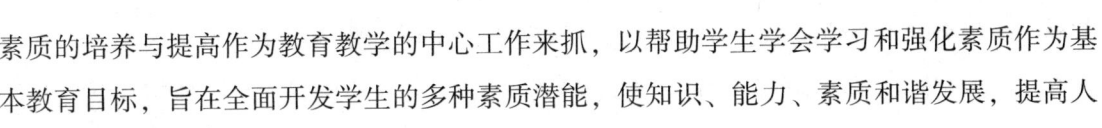

素质的培养与提高作为教育教学的中心工作来抓，以帮助学生学会学习和强化素质作为基本教育目标，旨在全面开发学生的多种素质潜能，使知识、能力、素质和谐发展，提高人的整体发展水平。

第二，创造性理念。传统教育向现代教育的重要转型之一，就是实现由知识性教育向创造性教育转变，因为知识经济更加彰显人的创造性作用，人的创造性潜能成为最具有价值的不竭资源。现代教育强调教育教学过程是一个高度创造性的过程，以点拨、启发、引导、开发和训练学生的创造力才能为基本目标，它主张以创造性的教育教学手段和优美的教育教学艺术来营造教育教学环境，以充分挖掘和培养人的创造性，培养创造性人才。现代教育主张，完整的创造性教育是由创新教育（旨在培养学生的创新精神、创新能力与创新人格）以及创业教育（旨在培养学生的创业精神、创业能力与创业人格）两者结合而形成的生态链构成，因此，加强创新教育与创业教育并促进两者的结合，培养创新、创业型复合人才成为现代教育的基本目标。

（三）主体性和个性化的理念

第一，主体性理念。现代教育是一种主体性教育，它充分肯定并尊重人的主体价值，高扬人的主体性，充分调动并发挥教育主体的能动性，是外在的、客体实施的教育，转换成受教育者主体自身的能动活动。主体性理念的核心是充分尊重每一位受教育者的主体地位，"教"始终围绕着"学"开展，以最大限度地开启学生的内在潜力与学习动力，使学生由被动接受性客体变成积极的、主动的主体和中心，使教育过程真正成为学生自主自觉的活动和自我建构过程。为此，它要求教育过程要从传统的以教师为中心、以教材为中心、以课堂为中心转变为以学生为中心、以活动为中心、以实践为中心，倡导自主教育、快乐教育、成功教育和研究性学习等新颖活泼的主体性教育模式，以点燃学生的学习热情，培养学生的学习兴趣和习惯，提高学生的学习能力，使学生积极主动地、生动活泼地学习和发展。

第二，个性化理念。丰富的个性发展是创造精神与创新能力的源泉，知识经济时代是一个创新的时代，它需要大批具有丰富而鲜明个性的个性化人才来支撑，因此，它催生出个性化教育理念。现代教育强调尊重个性，正视个性差异，张扬个性，鼓励个性发展，它允许学生发展的不同，主张针对不同的个性特点采用不同的教育方法和评估标准，为每个学生的个性充分发展创造条件。现代教育把培养完善个性的理念，渗透到了教育教学的各要素与环节中，从而对学生的身心素质特别是人格素质产生深刻而持久的影响。个性化理念在教育实践中，首先要求创设和营造个性化的教育环境和氛围，搭筑个性化教育大平台；其次在教育观念上，它提倡平等观点、宽容精神与师生互动，承认并尊重学生的个性差异，为每个学生个性的展示与发展提供平等机会和条件，鼓励学生各显神通；最后在教育方法上，它注意采取不同的教育措施施行个性化教育，注重因材施教，实现从共性化教育模式向个性化教育模式转变，给个性的健康发展提供宽松的生长空间。

（四）生态和谐和系统性的理念

第一，生态和谐理念。自然物的生长需要良好的自然生态环境，人才的健康成长同样也需要宽松和谐的社会生态环境来滋润。现代教育主张把教育活动看作一个有机的生态整体，这一整体既包括教育活动内部的教师、学生、课堂、实践、教育内容与方法诸要素的亲和、融洽与和谐统一，也包括教育活动与整个育人环境设施和文化氛围的协同互动、和谐统一，把融洽、和谐的精神贯注于教育的每个有机的要素和环节中，最终形成统一的教育生态链整体，使人才健康成长所需的各种因素产生和谐共振，达到生态和谐地育人。所以，现代教育倡导"和谐教育"，追求整体有机的"生态性"教育环境建构，力求在整体上做到教学育人、管理育人、服务育人、环境育人，营造出人才成长的最佳生态区，促进人才的健康和谐发展。

第二，系统性理念。随着知识经济的来临，学习化社会的到来，终身教育成为现实，教育成为伴随人的一生的最重要的活动之一。因而，教育不再仅仅是学校单方面的事情，也不仅仅是个人成长的事情，而是社会进步与发展的大事，是整个国民素质普遍提高的事情，是关乎精神文明建设及两个文明协调发展的全局性、战略性大业，它是一项由诸多要素组成的复杂的社会系统工程，涉及许多行业和部门，所以需要全社会普遍参与、共同努力才能搞好。与传统教育不同，转型时期我国正在形成的是一种社会大教育体系，它需要在系统工程的理念指导下，进行统一规划、设计和一体化运作，以培养人们的学习能力，提升人们的生存和发展能力为目标，以实现社会系统内部各环节、各部门的协调运作、整体联动为基础，把健全教育社会化网络作为构成教育环境的中心工作来抓，促进大教育系统工程的良性运行与有序发展，以满足学习化社会对教育发展的迫切要求。

二、教育学的发展趋势

教育学是研究教育现象和教育问题，揭示教育规律的一门科学，这也阐明了教育学的研究对象。当前教育学的发展趋势主要表现在以下方面。

第一，教育学研究领域的扩大。由于科学技术的迅速发展，智力的开发和运用成了提高生产效率和发展经济的主要因素，引起了世界范围的新的教育变革，人们对于教育整体结构的认识也由平面向立体变化，对教育现象和教育问题不再局限于学校内部的教育、教

学等方面，而是拓展到教育与社会的宏观关系方面，从基础教育扩展到了高等教育，从正常教育扩展到特殊教育，受教育人群也更加广泛，也使得研究人员对教育对象的认识变得丰富。一种从系统论观点出发，从多维度、全方位审视的教育观逐渐确立。

第二，教育学研究学科基础的扩展。由于科学的综合化发展越来越趋于主导地位，教育学日益与生理学、脑科学、社会学、经济学、心理学、人类学等学科相互渗透，在理论上逐渐深化，在内容方面更加丰富；再加上控制论、信息论和系统论的产生与发展，为教育学的研究提供了新的思路、新的方法。所以，各国的教育学在不同的思想体系指导下，都将有更新的发展，在理论上也都得到了进一步深化。

第三，教育学研究范式的多样化。由于当代社会发展是多样化的，科学与经济问题、人口、环境等，总是综合地交织在一起，各国教育之间的相互联系也日益增加，作为社会科学的教育学不可能不受这一发展趋势的影响，这就需要教育理论研究运用新思维，综合利用多学科的知识和方法，于是出现了强调数量关系的科学主义的研究，强调非数量关系的人文主义的质的研究，以及介于两者之间的结合性研究；同时，形成了基础研究、应用研究、行动研究、咨询研究和开发研究相互依赖、相互推动的局面，使教育学研究范式更加趋于多样化。

第四，教育学的进一步分化与综合。教育学已不再是一门学科，而是代表拥有数十门分支学科的庞大学科群，它是教育学科群的总称。从教育学中逐渐分化出的分支学科，有普通教育学、高等教育学、特殊教育学、成人教育学、教育管理学、教学论、德育论、学科教学法、教育科学研究等，而且将继续分化。教育学的综合趋势主要反映在教育概论或教育原理学科的产生上，同时反映在教育学与其他相关学科之间的相互综合上，出现一系列双学科甚至多学科交叉的边缘学科，如教育心理学、教育哲学、教育经济学、教育统计学、教育社会学、教育工艺学、教育人类学、教育文化学、教育生态学、教育未来学、教育社会心理学等。

第五，教育学与教育改革的关系日益密切。当前，广大教育学工作者解放思想，实事求是，在教育理论指导下，对教育实践进行了大胆探索，促进了教育改革的发展和深化，教育教学实验方兴未艾，如重视学生智力和能力发展的实验、主体教育实验等，课外、校外活动积极开展，教育学与教育改革的关系更加密切。

第六，教育学的学术交流与合作日益广泛。在经济全球化和新科技革命的影响下，国际教育交流与合作得到进一步加强，具体表现为人才的全球性流动、竞争与合作，交易机构的跨国设立，国际化网络交流兴起以及国际学分、学位的互认等，一个世界性的各国教育相互渗透、高度融合的大趋势正在出现。

第三节　教育教学的现代化发展

一、教育教学路径的现代化发展

推进教育现代化，建设教育强国，必须立足于中国社会现实与实际需要，扎根于中国文化教育的土壤与血脉，吸收借鉴人类知识积累与文明成果，特别是要抓住当下中国深化改革、扩大开放、推进社会转型的良好时机，充分利用政府科教兴国、人才强国、创新富国的政策支持和资源优势，在保持教育规模稳步扩大、多样性与丰富性不断增强的同时，努力提升高等教育的质量与品质，认真探索适合中国社会需要和发展节奏的教育现代化模式。

（一）探索教育现代化的中国路径

在探索教育现代化的中国路径这一过程中，我们既不能简单延续中国教育发展的已有经验，也不能完全模仿西方发达国家教育的发展模式，只能在承继历史、借鉴他人的基础上，努力探索适合中国国情、具有中国特色的教育现代化之路。这是中国跻身世界知识体系前沿，形成中国教育思想、制度和文化高地的关键所在。

1. 坚持中国特色与世界水平相统一

将"中国特色"与"世界水平"融为一体，使其相互支撑与促进，是中国教育现代化探索进程中最具挑战性、最有价值的部分。强调"中国特色"并非指中国独有，而是以中国为案例，通过对这片土地上近百年的改革探索与创新实践的浓缩提炼，展示后发的人口大国面对全球化、知识经济及社会转型的多重压力，艰难生存、崛起并发展的历史经历；为人类命运共同体共同应对当前和未来全球重大问题的挑战，提供具有普遍意义、可资借鉴的经验。

2. 坚持文化优势与体制优势相结合

教育现代化的建设路径要立足中国国情，扎根中国血脉。中华民族源远流长的文化教育传统历经人类历史长河的冲刷洗礼，不仅值得弘扬，而且必须为现代中国人所珍惜和承继，这是支撑我们生存和发展的精神基因。在教育现代化的过程中，我们要努力挖掘和弘扬中国文化传统中具有现代生命力和普遍解释力的原创性资源，树立文化自信，使现代中国的重新崛起具备坚实的文化根基。中国社会对教育旺盛的需求与相对匮乏的资源支持形成了较大反差，因此，我国的教育现代化建设要强化目标导向性决策，就要充分发挥我国制度能够集中力量办大事的政治优势；同时积极开拓和利用市场、社会等多种资源，大胆突破制度性瓶颈和体制性障碍，使学校拥有更加自主、自律发展的条件和空间。

3. 坚持教育发展与国家富强相结合

从现代教育的发展规律来看，将知识生产、人才培养与服务国家战略有机联系在一起，是教育机构生存发展并走向成功的共同特点。例如，美国的许多世界一流大学，都通过参加国家科学工程（如曼哈顿工程、阿波罗登月计划、人类基因组计划）奠定和巩固自己的学术领军地位，并形成全球影响力。中国的很多高水平大学也是在高度参与国家工业化、现代化进程，对国家知识创新体系建设作出贡献而得到政府和社会认可，逐渐跻身世界一流大学行列的。教育发展的根本动力，来自宏观经济社会需求与大学发展内在逻辑的有机结合，因此，必须找准教育以及国家发展富强的结合点，在政策与实践上精准发力，走依法治教之路：一方面，政府通过体制改革，简政放权，赋予学校更大的法定治理自主权；另一方面，学校要加强服务国家战略需求的意愿与能力，使人才培养及学术研究的成果在国家可持续发展及现代化建设中发挥更大的作用和价值。

4. 坚持全球视野与中国意识相结合

教育现代化是世界性趋势，需要我们以开放的姿态走向世界，以虚心的态度学习国外先进经验，以积极的行动参与国际交流。同时，教育现代化也是本土行动，需要立足于国情，针对中国社会实际问题，制订本土化解决方案。由于中国改革发展中面临的问题，既有中国特定经济社会因素，也有全球化的共同背景。因此，发现并科学解释和解决这些问题，必须将全球视野和本土意识相互结合，将人类社会所积累的多学科知识、多领域经验与中国独特的文化传统和实践智慧融会贯通，从而走出具有中国特色的现代化建设之路。

（二）强化教育资源保障与政策导向

教育已成为人类所创造的最庞大的社会事业，其现代化建设需要投入大量人力、物力、财力及政策资源。换言之，资源保障是教育现代化建设的重要基础，是中国整体实现教育现代化的约束性条件。因此，我们必须将资源保障提到战略高度。

1. 继续加大教育经费投入

教育经费投入是衡量一个国家保持并发展其创新能力的重要指标。近年来，我国的教育经费虽然随着经济的不断增长而上升，但为实现教育现代化，必须保障经费投入。

（1）加大政府投入，提高教育经费占 GDP（国内生产总值）的比例，提高教育经费在国家财政支出中的比例。《中华人民共和国教育法》对我国教育经费的来源渠道有着明确规定，国家建立以财政拨款为主、其他多种渠道筹措教育经费为辅的体制。这样的公与非公相结合的教育经费体制符合世界教育发展潮流。

（2）增强教育经费的多渠道筹措机制，提高非政府投入经费的总量和比例。目前，我国教育经费的多渠道来源主要包括学生学费、银行贷款、校企合作收入、捐赠、基金收益等。其中，学校收费改革遭遇到了学费水平的"瓶颈"，学校收费制度有待创新。如果要突破统一学费水平的制度安排，通过价格细分，实行差异性收费，在学费标准的制定中，应该综合考虑学校水平、学科专业性质、学校所在地区经济发展水平、学生家庭收入水平等变量，实现学生的学费水平与学生家庭支付能力、学生培养成本以及毕业后的预期收入成正比。尊重教育发展水平和经济发展水平的地区差异，扩大学校收费自主权。

（3）提高学校自身经费筹措能力，丰富教育经费多元化投入体系。要积极扩大对教育的非"政府"投入。例如，在核算生均成本的基础上，针对不同地区、不同专业、不同学校、不同收入水平的学生制定不同学费标准；在成功化解目前学校债务危机的基础上，可以考虑通过立法或其他措施进一步建立和完善我国学校长期低息贷款制度，以及公开发行债券制度；学校应通过科研成果转化和专利技术转让，进一步吸引社会企业增加对学校的经费投入。

总而言之，发展并完善创业型大学理念，借鉴国外教育经费投入体制改革经验，在增加政府财政拨款和社会多种资金投入的同时，增强大学自身经费筹措能力。将改革教育经费投入体制作为国家综合改革的重要目标之一。为实现这一改革目标，以市场为核心的筹款管理、投资管理、产业经营等营销方略将成为我国大学自力更生，从"创收"走向"盈利"的重要选择。

2. 发挥拨款的政策导向作用

政府政策在我国教育的改革与发展中作用明显，这是中国教育的特色所在，是由我国长期以来形成的教育管理体制所决定的。因此，在实现教育现代化的过程中，依然应该充分发挥政府政策的导向与保障作用。

当前要解决的主要问题是，如何在非竞争性经费拨款方面突出公平性，在竞争性拨款方面保持灵活性，为了能够最大限度地保障非竞争性经费拨款的公平性，实现区域教育的均衡发展，逐步建立和实施严格的生均拨款制度是必需的选择，即政府部门对于教育的非竞争性经费拨款，应在参照生均培养成本的基础上，严格按照在校学生数量进行拨付。但是，我国教育生均拨款制度的建立，还有赖于教育财政转移支付制度。在竞争性经费的拨款方面，政府部门除加大投入力度外，还应在拨款的过程中尽可能淡化身份制度和行政级别，努力打造一个公平而且高效的科研竞争环境，建立起完善的绩效拨款制度。

为使政府政策资源发挥更大作用，应该进一步做到政策程序的合理性、政策面向的公平性、政策内容的科学性。为规避政策风险，预防政策失误，政策制定需要有合理依据并遵循科学程序。与经济格局一样，我国教育的体系内实际存在着丰富的多样性、层次性以及差异性，政府应当秉持公平的原则，采取公正的立场，区别不同地区、不同层次、不同类型学校发展需要，作出资源配置上的科学决策。

3. 促进社会形成广泛支持的体系与机制

现代教育体系内部的许多问题本质上是社会问题的反映，因此，现代教育的改革与发展离不开社会的理解与支持，这是实现教育现代化的重要社会资源。社会资源对教育的支持表现在多个方面，如社会捐资、通过产学合作的方式支持学校科研、通过共建实习实践基地参与学校的人才培养等。充分调动社会资源参与教育需要政府政策的支持，需要进一步制定与完善鼓励社会机构支持参与教育的相关法律法规；同时，学校应与社会形成良性互动关系，合作共赢，构建包括政府与社会各类机构在内的有效教育社会支持体系。

（三）促进中国教育的系统转型

1. 适应普及要求，提升服务能力

多年来，我国庞大的教育系统一直存在同质性强、内部创新要素发育不足，以及服务经济社会多样化需要的能力有限等问题。知识经济社会对教育需求的增加带来教育功能的拓展，传统教育难以为继，必须进行系统转型。

从东亚地区的经验看，学生的学习具有一定程度的"实用主义"色彩，在基础教育以升学为导向和教育以就业为导向的背景下，学生的学习动机与经济发展速度成正比，在经济腾飞阶段，经济快速增长能够提供较多、较好的就业岗位，学生学习的积极性较高。目前，我国经济发展已经由高速增长转变为平稳增长，需要教育的系统转型。系统转型是从性质单一的传统教育体系转向内涵丰富的教育系统，突破原有教育与职业培训，改变狭窄固化的人才培养理念和制度，培育新的教育机构和组织形态，形成能使不同人才脱颖而出的培养环境和机制；系统转型是教育系统在自身与外部环境互动的时候，根据社会发展形势与要求，遵循教育自身发展规律，实现系统的全面发展与进步，这种转型是渐进式的自身发展演变，而非外部力量强力推进下的断裂式变化。

总而言之，经历系统转型的现代化教育体系，应该既符合国家以及社会优先发展目

标，又保障人民群众享有基本教育权利；既适应经济社会发展需要，又满足学习者多样性需求；既与基础教育、职业教育相连接，又体现终身学习理念，综合完善的教育体系。我们要从教育系统的建设与完善上，统筹规划职业教育和普通教育、学校教育和终身学习、高端人才培养与大众普及教育等工作，提高教育系统的健康性，实现教育形式的多元化。

2. 促进多样发展，丰富学制体系内涵

学校多样化是教育现代化的必然要求。现代教育系统发展逐渐由同质化走向多样化、异质化。未来，伴随世界一流学校和一流学科建设，普通学校更加突出与经济社会发展结合、应用型人才培养以及现代职业教育体系建设。明晰不同类型教育的层次结构、功能定位，突破人才培养的一些制度壁垒，打造一个注重应用性技能与学术创造性的教育系统。

以多样型人才培养体系取代将学术置于顶端、将技能置于底端的传统"金字塔形"教育体系，一定要完善我国学校合理定位的法规和政策体系，明确各类教育机构的定位，加强对不同类型学校的分类指导和管理。同时，还要突破传统的政府或单一学术视角的学校层次分类标准，形成综合政府、社会、学校、市场的多维视野，构建起类型与层次相互结合的多元学校分类框架。在这一体系中，各类学校平衡发展，各展所长，办出特色，办出水平。不同类型学校的学生都能受到公平、适切的教育，成长为合格人才、有用之才。适应和促进教育的办学形式、学习者的学习方式、教育机构的存在方式的深刻变化，在包容发展中推进多样化的教育。逐步形成以政府主办的公立教育与民办教育、中外合作办学等共同包容发展的教育系统。为学生和社会各界提供更充分、更多样、更适切的学习机会。

3. 做好制度设计，维护发展布局和学制体系

教育现代化要求教育有序协调发展，这种协调包括多方面多重关系的协调。基于我国地域辽阔、人口众多、发展不平衡的现实，积极推进区域教育的协调发展，不仅是教育问题，而且也是经济问题和政治问题。教育布局既要考虑不同区域经济社会发展需要，又要尊重教育自身发展规律，统筹和平衡教育规模、质量、公平与效益间的矛盾与张力，提高教育的聚集程度，建设世界级、全国性和区域化的教育中心。

开放性学制体系首先是推进教育体系内部的开放合作。以灵活的学习制度和教学管理制度为纽带，搭建起开放多元、便捷畅通的教育"立交桥"和终身学习平台。其次是实现教育真正意义上的综合化，既促进校内学科专业交叉融合，又增强学校间的开放与合作，还要推进教育体系面向社会的开放合作以国民教育体系为依托，充分发挥网络教育、自学考试等系统的平台作用，建立更加开放和多样化的继续教育体制框架，以企事业单位继续教育和岗位培训为重点，推进学习型组织建设。以在职学习提高为主体，促进职前教育与

继续教育相互衔接、普通教育和职业教育相互沟通、有组织教育与自主学习相互补充，实现各类教育共同发展，资源共享，推进形成全民学习、终身学习的学习型社会。同时，要关注国内与国际教育的开放合作，搭建国际与国内教育交流合作网，提高教育的国际化水平与能力。

二、教育教学治理的现代化发展

（一）落实管、办、评分离

推进教育治理体系和治理能力现代化，就是要适应国家治理体系和治理能力建设，根据教育发展的自身规律以及教育现代化的基本要求，以构建政府、学校、社会新型关系为核心，以推进管、办、评分离为基本要求，以转变政府职能为突破口，依法建立系统完备、科学规范、运行有效的制度体系，更好地激发每所学校的活力，更好地发挥全社会的作用。

政府宏观管理，就是要转变职能简政放权、创新方式，做到不缺位、不越位、不错位；学校自主办学，就是要依法落实学校办学主体地位，明确权利责任，自我管理、自我约束、自我发展；社会广泛参与，就是教育质量要接受社会评价、教育成果要接受社会检验、教育决策要接受社会监督，最大限度地吸引社会资源进入教育领域。政府、学校、社会，管、办、评三者之间，权责边界既应当是清晰的，又一定是相对的，既相互制约又相互支持，由此形成现代教育治理体系，不断提升现代教育治理能力。管、办、评分离的最终目的在于：形成管、办、评三个主要体制制度，即依法办学、自主管理、民主监督、社会参与的现代学校制度；政事分开、权责明确、统筹协调、规范有序的教育管理体制；科学、规范、公正的教育评价相关制度。推进教育管、办、评分离有赖主体自觉和角色的科学分工。

政府是教育政策和规划标准等的制定者、教育资源分配者、教育评价监督者，在教育治理模式的构建过程中，发挥着导向和建构的作用。政府对教育治理规律和现状的认识与理解，对政府、学校、社会三者之间职能的界定等，将直接影响到治理模式的构建及最终形态。推进教育管、办、评分离，首要在于变革管理理念，并切实转变政府职能，改善监管方式，由传统管理走向现代治理，应着力改变原有自上而下高度集权的管理模式，建立利益相关者广泛参与的治理体系；建立并完善学校法人制度，落实好法人地位，真正把教育改革发展的任务落实到学校第一线，解放一切对学校不该有的限制。同时，在学校内部建立起科学合理的制度体系，使得学校内部治理机制趋于完善，既能自主又善自律。

另外，管、办、评中的"评"不是只强化行政评价，而是在多元评价体系中弱化行政直接评价，突出权威专业机构和社会组织参与评价，既包括社会"评管"，也包括社会"评办"。政府要善于运用有权威、信度高的评估结果，加强宏观调控和政策引导。

（二）彰显学校办学主体性

"放管服"已成为我国政府治理国家和现代社会的重要理念。在教育领域落实"放管服"，是对实施管、办、评分离的深化，要求在彰显办学主体性或自主性的同时，更强调各级政府工作人员应增强服务意识和能力。

政府应与社会、学校合理分权，明确制定分权清单，着力把控好对教育事业发展起决定作用的重要事项的决策权和调控权。树立起"有限政府"理念，进一步深化教育行政审批制度改革，完全取消非行政许可审批；减少对学校办学行为的行政干预，综合运用法律政策、规划、财政拨款、标准、信息服务和必要的行政措施，引导和督促学校规范办学；推行清单管理方式，建立教育行政权力清单和责任清单制度，通过政府公报、政府网站等便于公众知晓的方式，向社会全面公开教育及相关政府部门职能、法律依据、实施主体、职责权限、管理流程、监督方式等事项，为公民、法人或者其他组织提供优质服务，让权力在阳光下运行。另外，应在有条件的地方和学校开展负面清单管理试点，清单之外的事项学校可自主施行，要尽量缩减负面清单事项的范围，更多采取事中、事后监管方式。出台国家教育标准审定办法，健全教育标准制定和审查机制，提高教育标准的权威性、适切性，形成具有国际视野、富有中国特色的分层、分类教育标准体系。

（三）加快完善内部治理结构

政府放权力度越大，对大学自身的治理结构和治理能力的要求就越高。现代大学制度建设的核心之一，就是学校的内部治理结构问题。

第一，从功能上来看，学校内部治理结构是要建立一种以共同理想为纽带、以各种权力和谐协调为基础的内部决策结构和垂直治理结构，避免决策权处于高度集中和过度紧张的状态，从而最大限度地释放学校的教育生产力、学术创造力与思想磁场力。

第二，从水平的权力结构来看，我国学校内部决策的权力要素，包括以党委为领导的政治权力、以校长为首的行政权力、以学术委员会为主的学术权力、以教代会和职代会为主的民主权力。

第三，从垂直的治理结构来看，一校一院一基层学术组织是我国学校组织结构的基本选择，从直线型走向扁平化的管理，是我国院校关系的基本走向。我国学校权力结构总体还处于政治权力、行政权力占主导的局面，学术权力和学生权利在很多学校没有发挥出其应有的作用。因此，在规范政治权力、行政权力的同时尊重学术权力，强化教师参与治理的意识，赋予教师在学术上和校内治理上更多的话语权，探索教授治学的有效途径，充分发挥教授在教学、学术研究和学校管理中的作用；加强教职工代表大会等建设，发挥群众团体的作用。推动学校治理从直线型向扁平化发展、从科层制向事业部制的转变，十分重要。

（四）推进学校的章程建设

依法制定和实施学校章程，是现代学校的基本要素，是建立现代学校制度及落实学校法人地位的标志和基石。在我国，学校章程建设称得上是一项开创性工作。章程的尊严和生命力在于遵行。学校章程经过政府核准，成为规范双方权利义务关系的文本依据。学校的举办者、主管教育行政部门应当按照政校分开、管办分离的原则，以章程明确界定与学校的关系，明确学校的办学方向与发展原则，落实举办者权利、义务，保障学校的办学自主权。学校则应当按照教育法的规定，围绕人才培养、科学研究、服务社会、文化传承创新、国际交流合作等任务，通过章程健全学校办学自主权的行使与监督机制，明确学校内部治理结构，包括内部决策机构、行政机构、学术机构的设定，机构间的运作程序，各机构及重要岗位的职责、义务等。

在章程执行过程中，学校要将众多的教育利益主体包含在执行主体中；对于所涉及执行主体的权责进行详尽的规定，并在此基础上，形成明确而协调的学校内部治理结构；激发学校组织执行文化的内生力，将来自行政力量的制度规约最终转化为执行文化塑造，推进依法照章治校进程。章程的实施情况，是体现学校治理水平和执行力的重要标志，学校应建立章程实施的评估和监督机制，把章程实施情况纳入对学校评估的内容，以及对学校领导考核评价的内容，并通过专项评估、第三方评估等，推进学校以章程建设为核心完善制度体系，形成依法依章自主办学的格局。

（五）保持校长管理专业化

在我国现行教育的治理体系中，学校校长是学校组织的法人，既是学校组织与政府、社会联系的重要桥梁，也是党委决策与行政执行的重要纽带；既是党委决策的重要提案者，也是行政执行的组织者；既是行政系统与学术系统交互的重要结合点，也是市场竞争中的参与者。换言之，校长是学校治理中连接各种关系和主体的核心行动者，科学定位学校校长的角色和职能，在很大程度上关系着学校制度的成效。

推进校长管理的专业化，是在日益复杂和多元的治理结构体系中，充分发挥校长角色和功能的重要途径。如何按照学校书记、校长应成为教育家和政治家的要求选拔和管理校长，如何有效地提升大学校长的治理能力，都在呼唤推进校长管理的专业化进程。提升学校校长管理水平的专业化，让校长有治校的动力，保障校长应有的权力，促进校长不断提高治校的能力，这需要政府提供有效的制度安排。如果要让教职工，特别是教授们在选拔任用校长时有更多发言权。政府需要转变用人理念，改变简单套用党政干部的方式和思维来任命和管理大学校长，而应该认真思考如何让校长承担起学校治理中应有的责任，确保校长有依法依章治校的权力，推动校长不断提升自身治校的能力。应把校长视为一种职业，而不是行政级别色彩很浓重的职务，校长能够形成在一定意义上具有竞争性的职场，更好地为治理绩效负责，并建立起与校长自身的能力、素质和治校绩效相符的薪酬体系。

总而言之，对于学校校长自身而言，应该充分地认识到，在日益复杂的学校治理中，只有全身心地投入学校治理中来，把学校治理视为能专心的事业、有专长的从业、成专门的职业，不断提升自身的专业化水平，把学校治理作为一种具有专业性、学科性和科学性的对象进行研究和实践，才能在推动学校治理现代化进程中，发挥"一校之长"的特殊作用。

第二章　教育教学的内容体系

第一节　教育教学的原则与方法

一、教育教学的原则

教学原则是根据一定的教育目的、遵循教学规律而制定的指导教学工作的基本要求。教育教学的原则主要包括以下内容。

（一）科学性与教育性统一的原则

科学性与教育性统一的原则主要是在学生学习掌握科学知识的过程中，对学生进行品德、辩证唯物主义思想和心理健康教育，这一原则的实质是在教学活动中要把教书和育人有机地结合起来。教学的科学性与教育性是相辅相成、相互促进的。科学性是教育性的基础，教育性是科学性的灵魂和内在属性。科学性与教育性统一的教学原则，反映了我国教育目的的基本精神，也是教学永远具有教育性的客观规律的反映。教师在运用这一原则时，需要注意以下四个方面。

第一，确保教学具有高度的科学性。科学性是教育性的基础。学生只有掌握了科学知识，才能正确认识客观事物及其规律，树立科学的世界观和人生观。在教学过程中，教师传授的知识和运用的方式、方法都应当是科学的。对概念、定义的表述，所做的论证，引用的事实、材料都要正确无误；对学生的作业、试卷的批改，个别辅导也应是正确无误的。

第二，结合教学内容的特点进行思想品德教育。我国各科教材内容本身就是科学性与教育性的统一。在教学中，教师要结合教材的特点，从教材内在的思想因素出发，针对学生的实际情况，寓思想教育于科学的教学内容之中。

第三，通过教学的各个环节对学生进行思想教育。除课堂教学外，教师还要通过作业、课外辅导、考试等环节对学生进行思想教育。结合教学对学生提出严格的要求，培养学生自觉负责的学习态度，勤奋学习、持之以恒、一丝不苟的良好习惯，不怕困难、勇于克服困难的坚强意志。

第四，不断提高教师的业务水平和思想修养。教师的思想修养、知识水平、对科学的态度和思考方法，都会对学生产生潜移默化的影响。教师必须不断更新自己的知识，提高专业水平和思想修养，才能确保科学性与教育性的统一。

（二）理论联系实际的原则

理论联系实际原则，是指在教学过程中应使学生从理论与实际结合中来理解和掌握知识，并且引导他们运用所获得的知识去解决各种实际问题，培养他们分析问题和解决问题的能力。这一原则是在吸取中外教育经验的基础上，根据直接经验与间接经验相统一的教学规律提出来的，也反映了我国教育目的的要求。教师在运用这一原则时，应注意以下四个方面。

第一，加强基本理论和基础知识的教学。在教学中，教师必须保证理论知识的教学，严格按照课程标准、教科书的要求，把规定的知识教好。

第二，结合教材内容，恰当联系实际。教师在传授理论知识的同时，要根据教材内容、教学目标及学生学习的实际，恰当地联系实际，有效提高教学效果，克服从书本到书本、从理论到理论的不足。在教学中联系实际的内容十分广泛，主要有联系学生的生活实际和经验、学生的思想实际、社会发展实际、科学上的最新成就实际等。常用的策略主要有：①在讲解过程中举例和演示；②组织学生练习、实验、实习、参观、访问；③在校内外活动中，引导学生加深和巩固对书本知识的理解。

第三，采取多种有效方式，培养学生运用知识的能力。在教学基本理论和基础知识的同时，要重视通过练习等方式进行基本技能的训练，使学生具有一定的实践操作能力。

第四，适当补充乡土教材。乡土教材是以本地的经济、文化、地理等材料为内容编写的教材，能更好地结合本地的实际需要。适当补充一些乡土教材，既有利于学生理解教材中的理论知识，又能联系实际加以运用，还能培养学生热爱乡土的观念和情感，树立为家乡贡献的思想。

（三）循序渐进的原则

"循序渐进"是我国古代教育经验的总结和概括。循序渐进原则是指在教学过程中，教师要按照科学知识的内在逻辑顺序和学生身心发展的规律有步骤、有次序地进行教学，以期使受教育者掌握基础知识和基本技能，促进学生的身心发展，这一原则是由科学知识的逻辑体系和学生的认知发展规律所决定的。教师在运用这一原则时，应注意以下三个方面。

第一，做好教学内容的序，按课程标准和教科书的体系进行教学。一般而言，学科课程标准是各门课程的内在逻辑体系的反映，是与相应年级学生的身心发展规律相适应的。教师要认真研究课程标准，充分了解和掌握课程的逻辑体系以及对学生的要求，在此基础上实施教学。掌握教学内容的序，还必须注意突出重点和难点，在教材的重点和难点上加以努力。

第二，做好教学过程的序，由浅入深、由简到繁、由易到难地进行教学。教师在教学过程中要根据教材的特点、学生认知的水平、学习程度以及教学的物质条件，选择和确定最佳的授课顺序，合理安排教学过程。在教学过程中，教师要善于把教材内容化难为易、化繁为简，坚持由近及远、由已知到未知、深入浅出地教学，使学生顺利学习。

第三，做好学生学习的序，培养学生系统学习知识的能力。学生的学习是一个循序渐进的过程，应该日积月累、系统地进行学习。所以，教师要通过必要的常规训练，培养学生踏踏实实、系统学习知识的良好习惯。

二、教育教学的方法

（一）以语言传递为主的教育教学方法

1. 教育教学的讲授法

讲授法是教师运用口头语言系统地向学生传授知识的一种教学方法。讲授法以教师讲、学生听为基本的活动方式，具体可以分为讲述、讲解、讲读和讲演等方式。讲述是教师向学生叙述、描绘事物和现象的方式，如语文课教学中对作者和时代背景的介绍。通过讲述，可以使学生获得感性认识，形成表象。讲解是教师向学生解释、论证所学教材的方式，通过讲解，可以使学生把感性认识上升到理性认识，理解所学的概念和规律。讲读是教师利用教科书边读课文边讲解，中间还可以穿插读的训练的一种教学方法。讲演是教师对一个完整的课题进行系统的分析、论证并得出科学结论的一种方法，它要求有分析、有概括、有理有据。讲述、讲解、讲读、讲演并没有严格的界限，在实际教学工作中，这些方式经常混合在一起使用。

教师在运用讲授法时需要注意：①讲授内容要有科学性和思想性，这是保证讲授效果的首要条件。教师讲授的概念、原理、事实、观点必须是准确无误的，而且要善于挖掘教材的思想教育因素，使学生既获得科学知识，又受到思想教育。②讲授要有系统性，条理清楚、重点突出。只有教师的讲授逻辑清楚、重点突出，学生才能听得明白、理解清楚。

教师的讲授切忌散、乱、平铺直叙、空洞枯燥。③讲究语言艺术。教师的语言直接决定着讲授法的效果。所以，教师需要不断提高自己的语言修养。语言要清晰、准确、简练；生动形象、富有感染力；速度适中、音量合适、语调抑扬顿挫。④恰当地配合和运用板书。恰当地运用板书，不仅可以弥补教师口头语言的不足，而且可以使教学目的更明确，条理更清楚，重点更突出。

2. 教育教学的谈话法

谈话法又称问答法，是教师和学生通过口头以问答的方式进行教学的一种方法。谈话法可以分为启发式谈话和复习式谈话两种方式。启发式谈话是教师提出一系列问题，激发学生独立思考，一步一步得出结论，使学生获得新知识的方法。复习式谈话是通过一系列的问答形式，帮助学生复习、深化、系统化已学过知识的方法。

谈话法的优点是：①有利于调动师生双方活动的积极主动性，充分激发学生的思维活动，发展学生的语言表达能力；②有利于教学信息的反馈，及时调整教学；③有利于促进教师和学生的情感交流和因材施教。但是，它的适用范围有限，多适用于从已知到未知；它要求学生要有一定的知识基础，否则可能会出现"有问无答"的情况，费时，且不易照顾到全体学生。

教师在运用谈话法时应注意：①做好充分的准备。教师应当在事前针对以下问题作出周密的考虑和安排，如围绕哪些内容进行谈话、提出哪些问题、提问哪些学生、如何提出问题、学生可能作出怎样的回答、怎样进一步引导学生等，在此基础上写出谈话提纲。②精心设计问题。所提问题要有启发性、逻辑性，根据教学内容的重点、难点和关键，设计前后联系、环环相扣的问题序列；所提问题要立意明确、措辞简练，求答范围清晰；所提问题的难度要适宜。③面向全体学生。谈话法的一个局限性就是不易使全体学生都参加到谈话中来，所以，教师要努力吸引每个学生参与问答。④谈话结束时要归纳总结，得出必要的结论，以便使学生获得比较全面系统的知识。

3. 教育教学的讨论法

讨论法是在教师指导下，学生以全班或小组为单位，围绕某个问题，各抒己见并相互交流，从而获得知识或巩固知识的一种方法。讨论法的具体方式包括交换意见、分组讨论、全班讨论等。

讨论法的优点在于：①能更好地发挥学生学习的主动性、积极性；②有利于培养学生的合作精神，集思广益，互相学习，取长补短；③有利于促进学生的语言表达能力；④有利于培养学生灵活运用知识分析问题、解决问题的能力。但是，运用这种方法要求学生有

一定的知识基础，有一定的理解能力和思考能力。讨论法常常与其他方法配合使用。

教师在运用讨论法时应注意：①精选讨论的内容。要选择那些有讨论价值的内容。一般而言，讨论的内容应当是教学内容的重点，并且学生容易产生不同意见。另外，难度要适宜，要符合学生的实际。②善于组织和引导学生。教师应当在学生讨论时全面巡视、注意倾听，善于捕捉讨论中反映出来的问题。引导学生围绕题目中心，联系实际大胆发言。当学生讨论遇到障碍时，教师要适当点拨。③讨论结束时，教师要及时总结。对疑难问题或有争论的问题，教师要阐明自己的观点。有些问题需要学生进一步思考，可以让学生向自己学习和探讨。教师还可以指出讨论中的优缺点，并指出以后改进的意见。

4. 教育教学的读书指导法

读书指导法是教师指导学生通过阅读教科书和课外读物获得知识、养成良好读书习惯、培养自学能力的教学方法。

读书指导法根据学生独立的程度可以分为三类：教师指导性阅读、学生半独立性阅读和独立性阅读。指导阅读的方法包括预习和复习阅读指导、课堂阅读和课外阅读指导等。读书指导法能够充分调动学生的学习积极性，有利于培养学生的自学能力和良好的阅读习惯。学生通过阅读书籍，培养独立思考和认真读书的习惯，不仅可以开阔眼界，广泛地去涉猎知识，还可以弥补教师讲解的不足。

教师在运用读书指导法时应注意：①帮助学生逐步学会阅读的方法。教师指导学生读书要把精读与略读、读与思结合起来。要求读懂书中的字词句、段篇章层次结构，学会概括段落大意，归纳中心思想，学会记读书笔记，学会使用工具书。②用多种方法指导学生阅读，如组织读书会、讨论会、演讲会等。③培养学生的读书兴趣，帮助学生养成良好的读书习惯。

（二）以直观感知为主的教育教学方法

以直观感知为主的教育教学方法，是教师通过对实物或直观教具的演示和组织教学性参观等，使学生利用各种感官直接感知客观事物或现象而获得知识的方法。在教学过程中，以直接感知为主的教育教学方法主要有演示法和参观法。

1. 教育教学的演示法

演示法是教师在课堂上通过展示各种实物、直观教具，或进行示范性实验，让学生通过观察获得感性认识的教学方法。演示法的特点是直观性强，可以帮助学生获得他们生活中缺乏而又必须掌握的感性知识。演示教学能引起学生的学习兴趣、激发学生的思维活动，获得的知识印象更深，便于记忆。

教师在使用演示法时应注意：①演示前，明确演示的目的，做好演示的准备。②演示时，配合讲授进行。演示要精确、可靠，操作规范，要让全体学生都能看到，教育学生运用多种感官去感知，以形成正确的概念和表象。演示过程中，教师要讲解、引导学生注意观察演示对象的主要特征和重要方面。③演示后，教师要及时总结。演示后，教师要引导学生分析观察到的结果以及各种变化之间的关系，通过分析、对比、归纳、综合，得出正确的结论。

2. 教育教学的参观法

参观法是教师根据教学目的，组织学生到校外观察自然现象和社会现象，从而获得新知识或验证已经学习过的知识的教学方法。参观法可以分为三种：准备性参观，在学习某种知识前进行；并行性参观，在学习某种知识中进行；总结性参观，在学习某种知识后进行。

参观法的优点在于：能有效地把书本知识与实际紧密地结合起来，帮助学生深入理解和领会所学的理论知识；开阔学生的眼界，激发学生的求知欲；还可以使学生受到生动而实际的思想教育。但是，这种方法费时较多，组织工作也比较复杂。

教师运用参观法时应注意：①做好参观的准备。教师要根据教学的目的和要求，选择参观的项目和地点，规定参观的步骤，确定参观的计划。要事先向学生说明参观的要求和注意事项。②指导参观的进行。在参观过程中，教师要关注和引导学生，提示学生应注意的细节，引导学生思考，避免"走马观花"或"走过场"。③总结参观的收获。参观结束后，教师要组织学生讨论参观的收获，及时进行小结，要引导学生把收集到的材料进行分析研究，得出结论，形成报告。

第二节　教育教学的组织与实施

一、教育教学的组织

"教学是有目的、有组织的活动，任何教学活动都必须在一定的组织形式中进行"①。每一种教学活动都是由教师和学生利用一定的教学材料，在特定的教学时间和空间进行的。如何对这些教学要素进行合理的组织安排，以充分发挥各种教学要素的作用，取得最

---

① 李纪伟. 数学教学的组织 [J]. 新课程（教育学术），2012（4）：74.

第三节 教育教学的策略与管理

一、教育教学的创新策略

（一）教育教学课程的创新策略

1. 创新课程理念，增强课程的人本性建设

当今时代是充满竞争的时代，核心竞争是人才的竞争。人才的成长主要靠教育，教育在人类生活中的重要性也越来越被人们所了解。世界范围的经济竞争、综合国力竞争，实际上是科学技术的竞争和民族素质的竞争。教育应该把人的发展放在第一位。如今，整个社会需要的是智慧型、复合型、创造型的人才，要求培养高素质、高能力、高水平的人才和数以亿计的一般人才，而不是单纯的、传统的知识型人才。

智慧比知识更重要，21世纪的人才应该具有合理的知识结构和充分的智能，具有创新精神和创新能力、事业心、开拓精神和合作精神，具有高尚的人格和优秀的个性品质。21世纪，人的发展是最为重要的，课程理念应该改变，把人（学生和教师）的发展提到核心地位并予以认识和宣扬，树立"人本理念""人的发展"，代替以前的"学科本位""知识本位"的提法，应强调学习过程中的"态度""价值观""兴趣和经验""实践能力"等。

课程的发展变革应该为教育目的服务。学校课程理念、课程体系价值取向应该以人的发展需要为基础，要建立新的课程体制，转变统一、单调、固定的课程设置为灵活多样的、既有理论又有实践的课程设置。在课程中，要坚持以人为本，并充分利用多媒体进行形象化教学，要从强调内容向强调过程转变，从强调积累知识向强调发现、重视创造、发展能力、形成素质转变。以学生的发展为本，培养创新精神和实践能力为课程理念是时代的要求。加强课程的人本性，建设以人为本的课程体系具体可以从以下方面着手。

（1）符合人的认知规律，重视知识的逻辑顺序和层次结构。教育的目的性和计划性首先体现在课程的设置和编排中，课程设置和编排的基础，是对知识结构的规划和设计。因为人的发展的各个方面，都是以"知"为起点的，智力、能力、技能、技巧也好，情感、兴趣、态度、动机、意志也好，理想、信念、道德和审美观也好，都离不开"知"，都要从"知"开始。科学的世界观的形成，更离不开知识和经验，离不开一个人对客观世界和人的主观世界的系统认识。课程的设计和编排，就是要着眼于形成学生的某种知识结构，

以此作为学生全面发展的知识基础。

认知结构是由知识内化而形成的。它不是简单的记忆和接受的结果，是经过了思维的创造性加工改造，并形成了相应的智力技能、操作技能和行为习惯。先必须找出那些决定学科基本结构的"强有力的观念"，确定学科中特定的组织和解释性原理，即要重视学科的基本结构。在课程设计中，之所以要强调学科的基本结构，是由于学科基本结构对于学生的学习具有特殊的心理学意义。

第一，掌握学科的基本结构有利于学生理解学科的内容。在新异的学习情境中，通过由一般概念原理到具体内容的演绎性教学模式，获取新知识比归纳获取新知识要省时、省力。在学生认知结构中，一旦有概括水平高于新知识的原有固定观念，新观念和新信息的获取与保持才最有成效。

第二，掌握学科的基本结构有助于学生记忆的保持与检索。人类记忆的主要任务不在于储存而在于检索。只有把一个个材料放进"构造得很好的模式"里，材料才能因得到简化而拥有"再生"的特征，学生一旦掌握了学科的基本概念，就能简化信息，减轻记忆负担，并产生新命题，推演出大量新知识。

第三，掌握学科的基本结构有利于学习的迁移。学科的观念越是基本（几乎归结为定义），则这些观念对新问题的适用性就越广，越有利于后继学习。

确定学科的基本结构，必须考虑学生的学习准备。这是知识的准备，更是认知发展的准备，即由一般认知成熟程度决定的学生从事新的学习和一定范围的智力活动所应具备的认知功能的基本发展水平。如果过早地将不适当的知识结构教给学生，超越了他们认知发展的水平，学生的认知结构就会"闭合"，反而不利于他们今后获得更适当的学科知识结构。因此，课程的选择和编排既要符合教学规律，又要体现学生身心发展特征；既按照一定的程序将完整的知识提供给学生以保证教学的系统性和循序性，又按学生的年龄特征来筛选课程以保证学习的量力性和可塑性。

学科内容的体系是学生学习该门课程的逻辑线索，应以有关科学的体系为基础，处理好课程关系的"四个性"：理顺课程的承续性（先行或后续课程）；注意课程内容的过渡性；重视课程结构的整体性；实现关键课程的不断性。同时，教学是特殊的认识过程，教学规律必须符合学生的认知规律。学生具备了掌握系统科学知识的充分条件，且可塑性强。因此，课程设置的起点要适当，台阶要小，每学期课程门数要安排适当，不宜过多，主要理论课的门数和时间不要过于集中，要给学生自学和独立思考留出足够的时间和空间。

（2）符合人的个性发展规律，设计个性化培养的课程体系。课程设计的实质是设计学生的学习活动，其最终目标是促进学生个性和谐而充分地发展。在学校教育中，学生个性发展的全面性取决于学生学习活动类型的完整性，课程设计要实现其最终目标，就必须遵循功能完备原则，即将人类活动的各种基本类型完整地纳入学生的学习活动体系，以促进学生个性的整体发展。学校教育的课程设计，既要遵循这一原则，也要和自己的专业教育相适应，如何将自己的学科、专业范围内的知识结构展现给学生，让学生根据自己的兴趣爱好选择自己的发展方向，是个性化培养的一个前提。

个性化课程组织强调个别发展，以学生的需要、兴趣和目的来进行课程的组织，它有两个特征：①以个别学生而不是以内容为其组织的线索；②不预先计划，而是随教师和学生一起进行教学任务（常常称为"生长"）而演化形成的。这种组织主要有以下特征。

第一，课程的结构由学生的兴趣和需要来决定。这意味着是学生自己直接感觉到需要和兴趣，而不是由设计者来考虑学生需要哪些或他们的兴趣应当是哪些。

第二，只有当教师和学生一起确定追求的目标，规定查阅的资料、计划实施的活动，以及安排评定的程序时，课程组织才会形成。

个性化课程培养学生的个别差异，强调的是解决问题的活动，我国学校教育的课程改革曾经有过"产品带教学"的经历，但这种形式绝不是个性化教学的形式。如果要探索个性化教学的新模式，不能照搬上述组织形式，因为它已被国外教育实践证明是失败的，但是这种思想是值得借鉴的，摆在学校教育课程设计者面前的问题是如何利用这一思想来设计出符合学生学习特征的个性化课程，这既是学校教育课程改革中的问题，同时也是改革的方向、奋斗的目标。

（3）符合人的社会发展特征来组织课程。在学校教育过程中，人是学校教育实施的对象。学生的发展包括身心两方面的发展，它受到遗传和环境两大因素的制约，学校教育作为一种特殊的环境因素，在人的身心发展中起到主导作用。学校教育活动主要就是指培养和发展一个人全部潜能的过程，即把一个人在体力、智力、情绪、道德等各方面的因素综合起来，使他成为一个具有良好素质，在某些方面具备特长，身心得到全面发展的人。学校教育要达到其目的并体现其功能和价值，其活动就必须遵循受教育者——学生的身心发展特征和德、智、体、美、劳等全面发展要求来进行。根据学生的智力、体力及个性发展的水平和特点，结合学生的个性差异，使学生获得更多、更广的知识的同时，更要全面培养学生的思维能力和独立地获取知识的能力，培养他们科学的世界观、方法论及崇高的理想和信念，使他们坚持社会主义的正确方向。

课程应该引导学生认识社会，社会如同一面多棱镜，不同的视角有不同的结果，社会的发展是动态的，不同的发展时期有不同的特征。高校教育要引导学生去正确认识、把握这些特征。教育学生懂得科技化知识是远远不够的，社会需要全面发展的人才。例如，理工科学生不仅需要科学素养、工程素养，而且还需要人文素养。理工科人才面对具体的工程项目，考虑的不仅是技术问题，而且考虑到社会多方面的因素，再进行价值判断。在做可行性报告时，要考虑到特定的地理、人文、经济因素。产品设计不仅要经济实用，而且要满足人的审美情趣和心理特征（建筑设计还要考虑到历史文化因素）。理工科学生还应具备社会责任心，能够想到他们所从事的工作对自然、对社会的影响，并由此作出正确的判断。这对课程构成提出了要求，不仅要开设科学课程，而且还要开设工程课程、文化课程。

课程应该引导学生适应社会，社会的发展不以个人意志为转移，课程的变化、发展要与之相适应，课程的设置既要保证各自的学科性，还要有相当的灵活性，如现阶段开设创业教育课。另外，要重视建设适应性课程，适应性课程的特点就是课程本身具有适应变化的能力，采纳以未来为导向的动态的学习材料，取代传统课程中以过去为指向的静态的学习材料。适应性课程体系由配套的四部分组成：数据书、阅读书、核心课本、教师参考书。适应性课程不仅有助于保持课程的相对稳定性，形成学生一定的思想方法，同时其灵活的组织方式和对学生的独立探究过程的强调也有助于随时纳入新的信息与材料，向新思想、新观点开放，从而促使学生在掌握文化发展规律的基础上了解历史，立足现实，适应社会。

课程应该引导学生融入社会，学校课程在加强学生专业基础理论课程教学的同时，必须根据社会发展、科技进步、生产方式变革的动向，或让学生深入社会和生产部门，以丰富社会经验，学习并应用实际知识，或让学生通过自主的科研活动加深与实践的结合。理论与实践的关系在不同的专业会有不同的要求。理、工、农、医各专业要获得实验、实习、计算机应用、绘图和某些必要的工艺及有关现代技术的训练；文科类专业要获得阅读、写作、资料积累、文献检索、调查研究、使用工具书等方面的训练；艺体类专业、师范类专业要加强专业技能的实践训练。因此，从某种意义来看，在大学教育中，理论课程是引导学生向学科纵深发展的基础，实践课程则是引导学生融入社会的基础。

2. 创新课程理论，研究完善课程体系建设

在课程界，对课程理论的研究及理论体系的建立是一项长期而艰苦的工作，因为不同的哲学思想会导致不同的课程理论。在课程史上，曾有以泰勒为代表的科学课程理论（也称理性课程理论），以施瓦布为代表的自然主义课程理论和以后现代思想为主导的激进课程理论，以及解释学课程理论、审美的课程理论等，但从没有某种理论能有"一统天下"之功效，这种百家争鸣的局面似乎表明课程理论尚未成熟。

在学校教育界，人们关心课程理论的进展，但更关注课程理论对应用研究的作用，即如何用这些已有理论来指导学校教育课程理论，或是课程体系的建立，脱离纯理论研究的范畴。一般而言，大学课程理论体系是由多个方面的内容组成的，它包括培养目标与规格的变化、课程政策的调整、课程结构的构建、课程建设标准的制订、课程资源的开发与利用、评价体系的建立、教师教育及制度创新等，是一个由课程建设所牵动的整个学校教育的全面建设，是一个系统，需要教育行政部门、科研机构、高校（其中教师是最为关键的因素）等的共同参与和完成。它牵涉学校教育整体和各个局部的关键领域，受到课程内部和外部、宏观与微观等多方面因素的制约，其成功与否取决于诸多因素本身的质量水平及其构成如何。

课程是为培养目标服务的，课程建设必须服从于培养目标。因此，对培养目标的研究与解释，应该是课程理论建设中不可忽视的问题。但是，由于培养目标一般是由学校（或学科、专业）制订，它充满了个性色彩，但是对人才的规格问题，在我国高教界存在共性。中华人民共和国成立后，本科教育主要是以专才为其培养规格。人们现在普遍对过去的专才目标持批评态度，但并未形而上学地完全否定，只是强调要在通才教育的基础上，进行专业教育或通才教育要与专业教育相结合。课程政策是指国家教育行政主管部门在一定社会秩序和教育范围内，为了调整课程权力的不同需要，调控课程运行的目标和方式而制定的行动纲领和准则，它的重点在于解决"由谁决定我们的课程"或者课程权力的分配问题。课程政策的构成要素主要有：第一，课程政策目标，它是课程政策三大要素中最重要的要素，反映政策的方向、目的和所要解决的课程问题；第二，课程政策载体（手段和工具），这是三大要素中的主体，它有保证实现课程目的的作用；第三，课程政策主体，它是课程政策的制定者和执行者。国家课程政策制定就要考虑课程政策目标、目前的形势、怎样的课程政策才更能促进学生的发展、课程政策载体都有哪些等，并且随着时代的进步，课程政策也要相应变化。

对课程设置和课程结构方面的理论研究，是课程实践者的期待，也是当前比较薄弱的环节，我国学校教育的课程建设总体结构缺乏科学、合理的理论指导，课程间、学科间缺乏有机的融合，课程比例结构有待合理的论证，与课程目标、培养目标的对应也不是很好。当前，人们的研究多数集中在应用层面上，而且也发现了一些现象，如重工程科学，轻工程实践；重专业，轻综合；重知识，轻能力。理工科院校非常注重科学理论的教学，实践教学方面不是很强；重点强调学好专业，不注重培养学生的综合能力；注意了课程内容的专业性，忽视了课程的综合性；注意了课程的科学性，忽视了课程的技术性。但是，这些现象在理论层面上表现出的是哪些问题，应该用怎样的理论指导来防止这些问题，这正是当前缺乏的和需要研究的问题。

目前，我国课程结构基本上是单一的学科课程，普遍存在着重视学科课程，忽视活动课程；重视必修课程，忽视选修课程；重视分科课程，忽视综合课程的现象。这些现象反映出在课程结构研究上理论的匮乏，这些问题都需要课程理论工作者进行不断研究，重新构建一个科学、合理的课程体系。课程建设标准的制定，课程建设的目的是提高课程的质量。一门课程的质量是受教师的教学水平和学术水平、教学环境和条件、教学方法及效果等诸多因素制约的。进行课程建设，就必须对影响课程教学质量的各个环节提出一定的要求，这就是课程建设的标准。课程建设的标准可以从以下方面加以考虑。

第一，师资队伍。教师是课程教学的组织者与实施者，教师的素质决定课程的教学质量。因此，课程的师资配备从数量上必须达到一定的要求。一门课程应配备两位以上的教师。换言之，至少有两位教师可以讲授该门课程，足够数量的教师可形成梯队，相互促进，有利于开展科学研究、教学改革等。

第二，教学条件。教学文件完备、配套，大纲能明确本课程的性质及其在专业教学计划中的地位和作用，阐明本课程的教学目的、基本内容、教学的重点和难点，说明各章节的联系及本课程与先行课、后继课的衔接，合理安排各个教学环节，反映本学科的新成果，能体现培养目标对本门课程的要求。

第三，教学方面。每门课程应有相应的教学研究组织，具有健全的管理制度，教学档案齐全，对教学研究、学术交流、师资培训等都可以做到有计划、有措施、有总结；严格执行教师考核制度；重视本门课程教学质量的检查；注意经常听取学生的意见，不断改进教学工作。

学校课程理论体系建设是一个系统工程，除了上述方面外，还应包括课程评价、教师教育及制度的创新等，包括广阔的研究范围和多种多样的研究内容。本书中，笔者仅提出课程理论建设或实践中的问题，以表明课程理论建设的重要性和必要性。真正的课程理论体系建设应该是一项任重道远的工作，还有待课程工作者今后的不懈努力。

3. 创新课程实践，重视学科课程开发研究

尽管学科课程已经有悠久的历史，人们已经积累了成熟的经验，但是随着科技的发展和人们认识的深化，学科课程的设计仍然需要不断改进。在初等教育中，一门课基本代表一门学科，但在学校教育（专业教育）中，代表一门学科的课程则是一组课程或者一个课程群。

（1）学科课程应具有开放性，以形成并容纳跨学科课程。面对当前学科知识既高度分化又高度综合，交叉学科不断涌现，社会需求多样变化的新形势，以培养专才为目的，以

专、深为特点的旧的大学课程体系已经无法适应新的挑战。新时期的课程体系必须克服以往课程体系的弱点，在课程组合上，一方面要强化基础理论课程，增大学科知识中那些较稳定、持久部分的比重，使这些基础知识成为学生构建其认知结构的平台，为学生的终身学习和进一步的深入研究奠定牢固的理论基础；另一方面，要淡化学科壁垒，有意横向延伸，向边缘学科或跨学科方向发展。例如在设置公共基础课、学科基础课和专业基础课的基础上，多设置一些综合性、边缘性交叉学科甚至跨学科的选修课程，以适应学校教育培养目标多元化以及多元经济时代的多样化要求，帮助学生了解现代科学技术的最新动向，迅速接近科学前沿，造就出适应未来需要的高素质人才。另外，可以尝试开设跨学科课。跨学科课是为了扩展学生知识面而设立的跨专业、跨学科的课程。它的出现是与科学的飞速发展和学科的快速分化息息相关的，为适应现代科学技术和社会发展的需要，必须开设边缘学科、交叉学科等跨学科课程，以利于学生的知识在专业化基础上向综合化方向发展。

（2）学科课程要注重综合性，以利于人的全面发展。为了适应当今社会的要求，学校教育已经确立了多元化的培养目标。因此，必须采用设立综合性课程的办法，来解除一些专业相互隔离的状况。而这种综合，并不是拼盘式的集合，而是符合教育基本规律，具有必然逻辑联系的课程设置上的优化组合。这种文理工课程的相互渗透、相互交叉的形式，不仅可以拓宽学生的视野，有效培养其思维能力，促进学生的全面发展，实现自然科学与社会科学、科学教育与人文教育的整合，而且导致了许多跨学科领域的研究和新学科群的出现。

（3）学科课程设置要具有前瞻性，以利于知识的创新。在科技日新月异的当今时代，学校课程的编制必须把握时代的脉搏，预测本学科未来的发展方向，使这些课程中不仅包含前人所积累的知识和经验，还能反映本学科发展的现状和趋势。这就要求我们必须改变过去统一、刻板的教学计划，建立起动态发展的课程体系，在课程体系中留出一定的空间，充分调动教师和学生的积极性，发挥他们的主观能动性，鼓励他们积极探索、勇于创新，使学科课程不仅具有知识性和系统性，而且要具有国际视野，尝试开设国际化课程。其实，目前世界上的许多国家都特别重视课程内容的更新，都积极地把科技文化的新成就吸纳到学校的课程中，并开设了一些代表未来社会科学发展方向的课程，这充分地显示了当代课程改革的一个重要方向——前瞻性。

4. 创新课程开设，尝试包含国际视野的课程

学校教育面向世界是由经济日益国际化决定的，国际竞争的背后是国际教育的竞争，实质是较强应变性和适应性人才的竞争，这一发展趋势也必然对学校教育培养的人才质量

提出了更高的要求。因此，我们在学校教育的课程设置中，必须具有国际视野和全球意识，体现国际精神。所以，学校就应开设一些与国际联系密切的课程，如外语、国际关系、国际文化、国际管理、国际科技、国际信息与市场信息，使学生能够通晓国际知识，具有国际视野，以适应高度科技化的世界。

（二）教育教学评价的创新策略

1. 教育教学评价的认知

（1）教育教学评价理论发展的哲学基础。没有科学的评价，就没有科学的管理；没有科学的评价，就没有科学的决策。尽管如此，评价活动仍然受到来自社会的质疑和批判。因此，如何正确地看待评价、科学地开展评价、合理地利用评价，已成为社会各界关注的重要课题。

在学习、工作、生活中，任何人或组织都面临着各种选择，即作出决定和决策，而在作出决定和决策之前，需要对其对象进行了解和认识，还要根据自己的价值观念和行为准则对其进行判断和审视，这就是一个评价过程。我们随时随地都在进行着各种选择和决策，因此，也随时随地都在进行着各种评价。我们生活的世界是一个复杂的社会系统，包含众多的评价标准、准则和观念。其中，政策、文化、制度、法律、法规等合在一起形成庞大、复杂的教学评价标准和评价系统，谁也无法完全脱离这个评价系统而生存。由此可见，事物的评价都被置于一定的评价系统和网络中接受被评价，并按照评价系统的要求行事。

面对如此丰富和复杂的评价活动，我们应该采取客观的态度，科学地认识，合理地进行选择，这样才能做到科学的评价。科学的评价活动自产生之日起，发展非常迅速，受到全社会的高度关注和普遍重视。大致经历了从原始评价或本能评价到社会评价或大众评价，再到综合评价或系统评价三个不同阶段。随着评价活动科学化程度的日益提高，相关理论和方法逐渐成熟，出现了从定性评价向定量评价，以及定性与定量相结合的综合评价模式转变。

（2）多学科视角的评价研究。哲学领域的学者对评价进行了大量的研究，成为评价学的重要理论来源之一。价值、认识与评价问题的研究在西方哲学研究中起步较早、时间较长，形成不同的研究思路和派别。而我国的研究虽然起步较晚，但是也产生了丰富的研究成果。

第一，心理学视角的研究以英国哲学家艾耶尔等人为代表。在心理学家的认知中，价值存于评价之中，它是一种心理现象或情感现象，而评价就是情感的流露和表达。因此，

他们主要研究评价的情感因素，研究情感判断及其自明性。语言学视角的研究主要是从语言学的角度来分析"伦理句子""价值句子"，认为这样就可以把握和揭示价值的本质、评价的本质。这种研究充分关注评价的表达形式。

第二，价值论视角的研究把人的活动看作把握价值、创造价值和实现价值过程的各种不同表现，它对认知与评价作出实质性的区分，即认知从属于评价，这是一种对评价的非认知意义的研究。研究者认为，价值与评价紧密相连，价值决定评价，评价揭示价值。没有价值现象，就没有评价活动；没有评价活动，价值就无法认识和体现。我们通常所说的价值，都是被意识到、认识到的价值，在评价之前或之外，价值只是作为一种客观的、潜在的形式而存在着。

总而言之，评价是一种价值认识和价值判断行为，即"价值评价"。评价过程是对评价对象的掌握过程，是一种认识行为。因此，认识与评价密切相关，认识活动（包括事实认识和价值认识）是评价活动的基础。科学评价就是在事实认识和价值认识的基础上，对评价对象与评价主体的价值和意义所做的合理判断，即了解、认识、确定和判断评价对象对评价主体有无价值及价值量的大小。科学评价是准确、全面、系统认识事物的一种有效方法，它是在事实认识和科学认识的基础上对评价对象进行价值判断的活动（价值评价、评估或评定），本质上是一个价值判断过程，同时它也是一种特殊的认识活动，即价值认识活动。因此，价值理论和认识理论是教学评价的理论基础，是构成评价理论集合体的重要理论来源。

（3）教育评价理念。教学评价的理念是指评价主体的教育理念在教育活动价值判断中的表现，也是价值主体对教育评价的认识，以及在此基础上所确定的价值与行为取向。影响教育评价的主要理念有以下三种。

第一，终身教育的理念。教育是一种特殊的、培养人的社会实践活动，教育实践活动的主体和客体都是具有能动性的人，这是现代教育理论公认的结论。现代人生活的过程就是教育和受教育的过程，学习和教育是贯穿现代人一生的重要特征。对我国而言，终身教育并不是一个全新的观念。例如，孔子主张"学而不厌"的思想已流传千古，孔子是东方"发现和论述终身教育必要性的先驱者"。另外，庄子也述及终身教育的必要性，这可以说是我国古代最早的"活到老，学到老"的关于终身教育思想的萌芽。

从现代知识经济社会发展的要求和个体自身发展的需要，每个人都必须终身学习和终身接受教育。终身教育无论是作为一种思想理念还是教育实践，它正在经历从满足个人或是社会对教育的转向的应急需要，转变为适应个人或社会对教育价值的多向取向的长远需要；从被动地选择教育转变为自觉地追求教育的发展过程。这是一个长期的过程，也是现代终身教育体系形成并走向成熟的必经之路。

第二，"三全一多"的理念。"三全"是指全过程、全方位、全员性；"一多"是指多样化。任何一种质量管理最终都要落实到人，要以人为本，调动每个人的积极性和创造性，并要强化团队精神，加强凝聚力和合作力。学校将制定的人才培养质量目标层层分解，落实到各部门、各环节，直到每个岗位，建立各种规范标准，让全体员工都参与到质量管理的过程中来。

第三，"以人为本"的理念。"以人为本"的教育理念，作为一种教育哲学观，是学校的教育理念和素质教育观的实质所在，只有从这个根本点上去理解和把握它的精神实质，才能在教育评估工作中更好地体现评估为教育服务的宗旨。人首先是一个自然存在物，具有自然属性。但是，人也是社会存在物，具有社会属性。因此，人的本质是一切社会关系的总和。此外，人还是有意识的，所以具有精神属性。在对学校的重大事项作出决策时，都要"以培养人才为中心"。因此，教学评价或评估，要贯彻"以人为本"的教育理念，重在培养高质量、高素质人才的教学过程和教育成果上。

（4）教学评价系统的要素理论。按照系统论的观点，系统是由多种要素相互联系、相互作用而形成的有机体。关于教学评价系统的构成要素主要有"三要素说""四要素说"。

首先，"三要素说"认为评价系统是由评价者、评价对象和评价手段三个基本要素构成的，教学评价主体一般由政府、学校构成，评价对象主要是教师和学生，评价手段采用评价表进行量化评价。另外，还包括了非基本要素，如评价目的、结果等。其次，"四要素说"认为评价系统是由评价主体系统、评价客体系统、评价目标系统和评价参照系统四个子系统构成的。无论是"三要素说"还是"四要素说"，它们所包含的内容和思想都是基本相似的。一个完整教学评价系统应是由评价客体（对象）和评价中介或评价手段（包括评价方法、评价技术、评价工具、评价指标体系、评价模型、评价程序、评价信息、评价法规制度等）多个相互联系、相互作用的要素或子系统组成的社会系统。

学校教学评价主要构成要素，一般而言，包括了政府、公众、学校、教师、学生、中介机构等，是一个多因素的综合体。从外部视角开展的宏观监控和管理的教学评价主体主要以政府、公众、中介机构为主体；而内部质量评价则以学校、教师、学生等为主体。学校的教学质量评价工作主要分为两种类型——对教学主体的评价和对学生课堂检测效果的评价。由于学校教育的专业性较强，学科纵横交叉，学校职能综合性等诸多特性，教学评价的复杂程度成为社会活动中最难精确化和量化的部分。学校教学评价产生于学校教育自身发展的需要，是学校对教学工作理性反思的重要手段。教学评价的具体内容如下。

第一，办学条件和办学设备的效用。办学条件、办学设备是教学活动运行的基础。良

好的办学条件、优良的办学设备是高质量教学生成的前提保障。对条件和效益的评价目的，一方面在于促进学校以及管理部门加大教学软硬件投入，提高资源利用率；另一方面不断改善办学条件和教学设施，充分发挥办学条件的可能性效用、实用性效用。

第二，学校教学运行机制的效率。运行机制是学校教育教学实施过程的依托，包括教学管理的机构体系、职能体系、人员体系、制度体系，对教学运行机制进行评价，能提升教学改革措施的运作效率，能促进教学的发展。

第三，学校人才培养模式的效果。人才培养模式是资源配置的方式、教学条件组合的形式和教学手段运用的总和，是一所学校教育教学思想和观念最为集中、最为典型的表征。评价学校人才培养模式，主要是评价这种模式在实践中实施的效果。

第四，办学传统与特色的效应。办学传统和特色是学校教育教学的灵魂和基石，决定学校办学的品位、层次和特点，是学校的优势所在。学校的办学传统和特色以效应的形态让人们感受和意识，对它评价的同时就是对它效应的评价。

（5）教学评价过程的非制度因素。制度是保障活动有序开展的重要手段，而非制度因素对人类一切活动的结果也都将产生积极或消极作用。在教学评价活动中，评价参与者的职业道德、思想、意识等非制度因素，一样也会影响制度执行效果。

第一，在活动初始阶段，由于参与身份的不同，呈现不同的心理，具体如下。

一是角色心理。人们在社会活动中由于担负着一定的角色，从而形成一种角色心理。评价者在教学评价活动中往往以显示其身份、专门知识、品质、爱好以及特长来要求评价对象，如果这种要求与评价指标、标准相一致，就能对评价起积极作用；如果超出评价指标的要求，就可能影响评价的客观性。例如，在设计评价方案的时候，评价者容易从其职业、兴趣、特长出发，表现出不同的价值取向。最明显的是学科专家、教育理论专家往往偏重方案的理论依据以及科学性，而实际工作者则倾向于方案的可行性和实践性。

二是心理定式。心理定式是由一定的心理活动所形成的常规、模式化的心理状态。在评价准备工作中，个人往往按各自心理来表达其意见，从而影响评价方案的客观性和创新性。

三是时尚效应。时尚效应是指对新颖、时髦事物或观点追求的心理现象。在追求时尚中，顺从社会潮流，接受多数人热衷的思想或观点，影响评价的正确方向。

第二，在评价实施阶段，评价者的复杂心理活动会因个体差异导致不同的结果取向，具体如下。

一是首因效应。首因效应也称第一印象效应，指的是评价者因对评价对象的最先印象比较强烈，便在其后的评价过程中，总是"先入为主"地左右自己的评价思维，从而影响对评价对象的正确评价。

二是近因效应。近因效应指的是最近获得的信息对认知产生的强烈影响。因为个体对新近获得的信息往往感觉最新鲜、最清晰，其作用往往会冲淡过去获得的印象。这种近因效应，会影响对评价对象全面的、正确的评价。

三是晕轮效应。晕轮效应又称光环效应，它是评价者因对评价对象的某些特征产生强烈或深刻印象，且会弥散到其他方面，形成"总体印象"。

四是参照效应。参照效应又称对比效应，它是评价者对一些评价对象的强烈印象，会影响对其他评价对象的判断。

五是理想效应。理想效应又称求全效应，它是指评价者总是以对评价对象所持有的完美先期印象，来衡量评价对象的现实行为表现。

六是趋中效应。趋中效应是指某些评价者在评价时，避免使用极值（最大值、最小值），大多取中间分值或中间等级，如较好、一般等。

第三，在评价结果处理阶段，参与评价主体的心理倾向同样会导致结果的偏差，具体内容如下。

一是类群效应。评价者和评价对象属于同一类别或同一类群体，如同行、同事、同学等，有较强的相互理解、认知基础，容易产生效应关系。

二是亲疏效应。亲疏关系会使评价带有较多的情感因素，产生亲疏效应。对于亲近者容易看到长处，给予偏高的评价；而对于疏远者则容易看到缺点，给予不适当的评价。

三是从众心理。从众心理和从众行为的产生，取决于情境因素和个体因素。从众心理也是评价者的一种保护心理。

四是威望效应。威望效应是评价小组内有威望者的态度对他人观点的形成所产生的显著影响。威望者可能是学术方面的权威，也可能是权力方面的权威。

五是本位心理。本位心理是指评价者坚持本部门（本专业领域）的利益和价值观的心理倾向。评价小组成员来自不同部门，在评优或进行综合评价时，各方代表强调本部门的优势或成果，这种本位心理影响评价的客观性和公正性，甚至还会影响评价小组内部成员的团结和合作。

六是模式效应。模式效应是一种心理作用，即评价者依据对评价对象群既有的印象（经验模式）来进行对评价对象现实教学的价值判断。

（6）教育教学评价的应用创新实践。现行的评估方案对于促进学校的教学工作、提高教育质量发挥了比较好的作用。在充分肯定教学评估取得成绩的同时，我们也认识到，在我国开展大规模的学校教学评估还是第一次，实践中还存在许多的问题或不足。用一个评估方案评估所有的学校本身确实有针对性不强的问题，有待完善。另外，有的评估指标设计可操作性较差，导致专家在考察评估过程中难以准确把握。总而言之，根据不同层次和类型的学校特点，制订不同的评估方案，以加强分类指导是当务之急。学校教育评价体系应该建立一套适合这种院校发展的评价机制，鼓励其找到自身发展的位置和方向。

学校教学质量主要是指在学校教育活动中的人才培养质量。学校为了满足社会和个人发展需要，设置教育教学目标并采取一系列措施保证目标的实现。院校教学工作评估属于水平评估，与研究型学校的咨询评估和高职高专院校的合格评估有本质的区别，因此，科学合理地设置教学型院校教学质量评价指标体系很重要。

各类学校本科教学质量有诸多关键因素，如，教学理念、办学定位、教学水平评估、教学质量内部监控体系、教学与科研的结合、教师发展与教师队伍建设、招生方式和生源质量、学风、课程建设、人才培养模式、学科建设、教育方法改革、教学管理、教学设施和条件、国际化等。这些因素或虚或实，影响作用有大有小，有的是直接影响，有的是间接影响，需要我们抓住影响教学型院校教学质量的主要因素，从而设置关键性的评价指标。如果说研究型学校要力争构建探索型的教育，这种探索精神把学校的教学和科研结合起来，使教学应该表现出较强的科学研究的特色，学校要紧紧围绕教学这个核心展开。影响学校的主要因素可以考虑的方面包括：办学定位和办学特色、人才培养目标与计划、师资队伍与教学水平、教学条件与利用、专业建设与教学改革、教学管理与服务、学生的学习、教学效果等。

（7）评价指标体系构建。

第一，办学定位与特色。①学校的办学定位与思路。学校的方向选择、角色定位，是学校制订发展规划、方针政策和拟定各项制度的理论依据，关系到学校在教育系统中的地位与作用。②办学特色。在长期办学过程中，积淀而成的、本校特有的，优于其他学校的独特优质风貌。③学校与社会的联系。

第二，人才培养。①培养目标。受教育者所要达到的质量要求和专业规格。②培养计划。人才培养工作总体设计的具体体现，是安排教学内容、组织教学活动及实现人才培养目标的基本依据。

第三，师资队伍。①队伍结构。专任教师结构状态、师生比、硕士博士学位比例。②师资培养。教学业务培训、技能培训、学术交流、教学质量、主讲教师教学水平、质量评价状况、教师风范。

第四，教学条件与利用。①教学基本设施。教学基本设施包括校舍、实验室、实习基地、图书馆、校园网和运动设施状况。②教学经费。教学经费，即经费的增长情况等。

③条件利用情况。条件利用情况指教学设施和教学经费的利用效率。

第五，专业与课程。①专业建设。学校专业结构以及布局、专业教学质量、新办专业情况。②课程建设。教学内容与课程体系建设、教材建设与选用，教学方法与改革手段。③实践教学。实习实训、实践教学内容与体系、综合性设计性实验。

第六，教学管理与质量保障。①管理队伍。结构与素质、管理研究成果与实践效果。②质量控制。规章制度建设和执行情况、各教学环节的质量标准、教学质量监控体系的运行情况。③服务状况。教学管理人员对师生的服务能力和水平、校园环境和文化氛围、对学生学习的支持程度、学生遵纪的程度。

第七，教学效果。①学风、守法情况、学风建设情况、学生积极主动学习的状态。②学习能力与素质。学生学习经验积累、自我教育与自我学习水平、团队精神与合作能力、思想品德修养与文化心理素质。③基本理论与基本技能。基本理论知识的水平、基本实践技能水平、创新精神和实践能力。④毕业设计（论文）状况。毕业设计（论文）的质量。

第八，社会声望。①招生与就业情况。招生生源状况与新生素质状况、毕业生当年就业率与就业状况。②社会评价与资助情况。社会对学校办学状态和毕业生质量的评价、社会企业与各界人士对学校事业和困难学生的支持与资助状况。

2. 教育教学评价的趋势与创新

（1）教育教学评价的趋势。我国目前是世界上规模第一的教育大国，学校教育发展的重点已经从扩大规模转向提高质量，因此，提高人才，特别是创新人才培养水平的要求变得日益迫切。我们要建设教育强国，就必须有较高的入学率、有竞争力的质量和完善的制度体系。今后院校教学评价的趋势有以下特点。

第一，统一性与多样性并重。学校治理的国际新趋势是在扩大学校自主权的同时，强化问责机制，加强对学校的质量与绩效评估。教育部今后仍将扎实推进由学校教育评估中心组织的学校教学评估工作。在学校多样化背景下，我国将实施分层与分类评估，在评估中注重学校办学特色；如将学校分为研究型、教学型、高职高专、民办学院四类，或按归属性质和层次分为省属重点学校、普通本科院校、民办学院等。同时，在评估的参与上将形成政府、学校、用人单位、专业团体与社会人士、中介机构等广泛参与的模式。在评估的类型上，综合评估、机构评估与学科专业（专题）评估相结合。在评估的性质上，比较性评估与发展性评估并重，前者侧重于鉴定等级；后者侧重于发现问题，找出差距，改进教学。

第二，校外保障体系与校内保障体系相结合。内部质量保障体系是学校教育质量保障体系的主体和基础，外部保障体系受社会监督。内部评估（自我评估）与外部评估相结合，加强问责制是各国高教质量保障的共同趋势。学校评估强调外部评估与自我评估相结合，建立制度化的学校自我评估制度，有明确的要求和指标，如自评报告要公布，强调学校自评要突出办学特色、个性特征。学校内部质量标准包括质量保障的方针与程序，教学计划与授予学位的认可、监督与定期审查，学生的评价，教师的质量保障，学习资源与对学生的教学服务，信息系统，信息公开。外部质量保障方式包括学校的办学资格认证，学院和专业认证，学校、学院、专业的声誉排名，学校内部质量保障体系审计，全国性专项调查（如新生教育调查、毕业生调查等），专家资格认证；全国质量系统规划与建设等。我国要加强学校自我评估，使其制度化、义务化、指标化、特色化、公开化，进一步增强学校自身质量保障的自觉性。

第三，教育投入、教育过程与教育产出并重。教育投入主要是指教育资源与生源。教育过程是人才培养的过程，主要考察教学计划、教学管理、教师管理、教学质量控制制度等方面。教育产出主要考查学生的成长、人才的质量和毕业生的就业与专业表现。目前，在评价学校的教学质量与进行专业评估时，评估指标对教育投入、教育过程和教育产出因素并重。

第四，院校的教学质量评价要重点关注以下方面。

一是人才培养质量评价要充分关注教师"教"的能力。教学过程是一个以认识活动为起点，掌握他人和前人的间接经验、发展能力、直接经验和态度倾向的过程。教学过程是师生双方共同的活动。学校的教学活动是一种特殊的认识过程，具有专业性、独立性、创造性、实践性等特点，其成败在很大程度上取决于教师"教"的能力如何，需要教师根据教学内容和教育对象妥善地选择合适的教学方法。因此，对学校教师教学评价要着重体现其进行研究性教学、探究式教学、创新实践教学、思想教育等方面"教"的能力。

在探索教师教学评价指标体系时，要明确评价内容，如教学评价内容要体现时代要求，体现教师是否激发学生的学习兴趣，是否调动学生的主动性，是否有助于发展学生的潜能，是否授以研究方法和学习方法。另外，还要重视对教师教学评价的反馈，提高教师"教"的能力，对教师给予直接帮助。为了提高教师"教"的能力和水平，对教师给予及时的帮助和训练指导是必需的。

例如，美国加州大学欧文分校的标准化教学评估，对教师的教学评估列出以下十个指标：教师对课程内容满怀热情和兴趣；激发了学生对课程内容的兴趣；达到了课程的规定目标；有问必答；创造了一个开放、公平的学习环境；在课程中鼓励学生进行思考；对概念的表达和解说清楚；作业和考试覆盖了课程的重要方面；学生对教师的总评分；学生对本课程的总评分。

二是人才培养质量评价要充分关注学生"学"的能力。目前，学生学习产出评价存在的问题是仅仅停留在对学生的智育评价上，而智育评价往往又限于对学生知识掌握的评价，主要是通过课堂考试进行；评价游离在学习的过程之外，没有将其纳入指导学习、规范学习、推动学习的过程中。

（2）教育教学评价的创新。我们在对学生进行评价时，需要注意采取以下创新策略。

第一，要重视对学校人才培养目标的评价。学校要制定明确的教育产出的目标，明确培养出何等质量的毕业生，并使学生知道，自己进入了怎样的学校，进了学校可以得到怎样的培养以及训练，毕业时可能成为怎样的人才等，使学生懂得在学校学习，不仅要掌握知识，而且还要培养良好的道德品质、创造精神与能力、批判思维、全球视野、优质专业训练、终身学习的能力。学生心中有"质量"标准，就会遵照执行并主动积极地参与评价。

第二，要重视对学生学习能力的评价。例如，美国已有越来越多的学校把自己的全国大学生学习性投入调查（NSSE）数据挂上了美国学校排行榜，成为美国国内学校选择的重要参考。NSSE 已经是美国学校教育质量评价新风向标。此调查指标主要包括五类：学习的严格要求程度、主动合作水平、师生互动水平、教育经验的丰富程度和校园环境的支持程度。调查采用学生自我报告行为和观点的方式进行。因此，院校为了提高学生的学习能力，要创设支持的环境，让学生在学校教育中、在社会生活中去感受、感悟，增强学生学习的主动性，从而获得教育经验和提高自我教育的能力。

第三，要重视对学生创新、实践能力的评价。创新、实践不能停留在书面和口头上，也不是仅仅开设几门课程，而应自始至终贯穿于教育教学的全过程，是要探索有效的评价方式和方法，使实践创新能力的培养成为广大教师、学生自觉的理念和行为。

二、教育教学的管理创新

（一）学校文化管理的创新

"教学是一门深邃的学问，不是一个简单的教授问题"①，学校教育既是文化发展的重要成果，又是文化建设的重要载体。作为人才培养的基地，学校理应发挥文化育人的作用；作为知识的集散地和思潮的发源地，学校理应成为社会文化的风向标和引领者。在推

---

① 邓世强. 课堂教学的组织 [J]. 新教育时代电子杂志（教师版），2017（12）：68.

动社会主义文化大发展、大繁荣的进程中，学校一方面要加强自身的文化建设，另一方面要承担文化传承创新、文化辐射引领和文化服务支撑的重要使命。

虽然文化包罗万象，但不同的定义却又殊途同归地表达着文化的基本内涵，即观念形态、精神产品、生活方式这三层含义，具体而言，它包括人们的世界观、思维方式、心理特征、价值观念、道德标准、认知能力以及从形式上看是物质的东西，但透过物质形式能反映人们观念上的差异，以及变化的一切精神物化产品。学校文化是学校思想、制度和精神层面的一种过程和氛围，是理想主义者的精神家园，是学校里思想启蒙、人格唤醒和心灵震撼因素的结合体。学校用人文精神培育出全面发展的优秀人才，使得其成为民族复兴和文化复兴的中坚，引领社会前进。学校文化是知识、能力、人格的升华和结晶，文化的管理就是"人化管理"，就是以人为根本出发点，并以实现人的价值为最终目的的尊重人性的管理。这种管理是依靠管理主体与管理对象之间所形成的文化力的互动来实现的。

文化管理的核心是"以人为本"，学校文化管理与企业文化管理有着密切的关系，它借鉴了企业文化管理的思想，但是学校文化管理更是它自身内在文化因素发展的必然要求。因为学校本身就是一种文化存在，是一个文化实体，它是以传承和创造文化为己任的，是以文化为中介培养人、塑造人的机构。学校与文化的关系是其他任何社会要素、社会组织所不可比拟的，在学校管理中，更应当重视文化的因素。文化管理是学校管理顺理成章、水到渠成的结果。

总而言之，学校文化管理是以文化为基础，注重学校文化建设，并利用文化要素和文化资源实施调控的学校管理活动，它具有价值性、伦理性、知识性、人本化、合作性、品牌形象性、整合性等特征。学校文化是学校的灵魂，是教师的灵魂，更是学生的灵魂。学校文化建设的核心在于师生的认同，认同的关键是参与。在学校管理工作中，制度比校长个人的经验、意志和人格魅力更重要，它更带有普遍性，起着举足轻重的作用。

1. 学校文化管理的特性和意义

（1）学校文化管理的特性。突出"以文化人"的教化性，这是学校文化区别于其他文化形态的重要特质；注重主流价值的导向性，这是建设学校文化的必然要求；建设各具特色的学校文化，这是各个学校张扬个性、增强文化发展生命力的关键所在。

第一，教化性。以人才培养为天职，学校文化必须始终围绕育人这一中心任务展开。学校教育教学"以文化人"，即通过文化潜移默化地感染人、熏陶人、教化人，从而达到情感陶冶、思想感化、价值认同、行为养成的功效。教育的目的是促进人的全面发展，学校文化育人的过程实际上就是塑造健全人格、开发智力潜能、丰富生命内涵，使受教育者得到自由、全面、完整的发展过程。

第二，导向性。其实文化并非一个中性的概念，其本身具有鲜明的价值取向。当今社会呈现多元思想文化相互交织、相互激荡的格局，需要一个占主导、支配地位的价值观来引领学校文化建设。在学校文化建设中，必须加强理想信念教育、弘扬以爱国主义为核心的民族精神和以改革创新为核心的时代精神，全面加强学校思想道德体系建设。

第三，独特性。有个性、有魅力、特色鲜明的学校文化才是有生命力的文化。虽然高校精神具有探索真理、崇尚学术、传承文化等共性追求，但由于各个学校文化传统、类型风格各异，社会对学校的需求多样化。因此，必须建设和发展各具个性的学校文化，营造不同类型、不同层次、不同风格的学校文化形态，形成异彩纷呈、和谐互补的整体学校文化格局。

（2）学校文化管理的意义。文化，这是一种历久的精神创造活动及其成果。对于一个民族而言，文化是民族之根；对于一个国家而言，文化是国家之魂。纵观学校发展的历史，正在经历着从经验管理、制度管理（科学管理）向文化管理转型的历程。

学校文化管理是一种新型的高级的管理形态，是学校经验管理、制度管理（科学管理）的总结和升华，是管理内容的回归，是与知识经济时代相适应的学校新的管理方式。作为学校管理者，构建文化校园，积极推进学校文化管理具有极其重要而深远的意义。随着社会主义市场经济体制的建立和完善，学校建设也逐渐引入了市场力量，学校之间的竞争在逐渐加剧。学校要在竞争中处于优势地位，必须具备某种核心能力，充分发挥文化传承创新功能、文化辐射引领功能和文化服务支撑功能。

文化对学校和人的发展存在的影响可以从深、广、远、忧四种状况来理解：①深。学校文化管理是一种内隐的、深层次的、无形的力量，这种力量决定着学校的改革、发展和成败。学校文化具有导向功能、提升功能、凝聚功能、激励功能和稳定功能，为学校的发展带来动力。②广。文化无处不存在、无事不体现，弥漫在整个学校的全部生活之中，甚至影响到社区文化和城市文化。③远。与生俱在、与校共存、与人同享，在学生时代有幸经历的先进学校文化熏陶会一辈子回味无穷、受用不尽。④忧。市场经济的急剧发展，竞争空前激烈。社会财富增加，但文化价值导向滞后。先进学校文化建设是学校优质发展的根本，没有文化的学校是薄弱的学校。因此，学校的不同追求、不同理想、不同价值取向以及由此形成的不同管理风格、工作方式以及生活方式，才是一所学校区别于其他学校的根本特征。

总而言之，学校文化的内部功能主要表现为教化育人，学校文化的外部功能则包括文化的传承与创新、传播与辐射、示范与引领、服务与支撑诸多方面。学校在服务文化发展、促进文化繁荣方面重任在肩，大有可为。

第一，文化传承创新功能。学校既是一种教育机构，又是一种文化存在，传授知识、传承文化是高校与生俱来的职责。传承是创新的前提，创新的方式则是扬弃，在掌握前人积累的文化成果的基础上，去粗取精，赋予新义，创立新知识，形成新文化。学校正是这种新知识、新思想、新理论的重要摇篮，通过继承民族优秀文化，借鉴世界进步文化，创造时代先进文化，丰富精神文化的内涵，充实人类智慧的宝库，推动社会文明进步。

第二，文化辐射引领功能。学校是社会文化的组成部分，同时又以其自身的优势深刻影响着社会文化。学校是研究高深学问、探索真理的知识殿堂，也是高学历、高层次人才相对集中的地方，承担着影响、辐射、引领社会文化的功能。学校文化通过价值判断引领社会的文化选择，通过升华大众文化、超越流行文化、彰显高雅文化、强化主流文化，对社会文化起着积极的辐射和示范作用，引领社会文化向着健康方向、更高层次发展。从历史上看，学校一直是各种新思想、新理论的发源地，是各类思潮和运动的策源地，历来引领文化风气之先。在历史的转折关口，学校文化对整体文化质态的建构和文化精神的塑造具有辐射、提升、示范和引领作用。

第三，文化服务支撑功能。学校不仅以独特的学校文化影响社会文化，更以培养的大批人才去带动社会文化的发展，通过科学研究和直接的社会服务，推动社会文化的进程。学校应加强文化领域的专业建设，增加优秀传统文化课程内容，建设优秀传统文化教学研究基地，为社会输送大批高质量的优秀专业人才；应加强文化领域的学术研究，繁荣发展哲学社会科学，不断推出理论研究和文化创作的精品力作；应积极参与构建有利于文化繁荣发展的体制机制，拓展为发展文化事业和文化产业及深化文化体制改革服务的渠道，壮大文化志愿者队伍，开展各类群众性精神文明创建活动；应积极构建国际文化交流平台，推动文化"请进来"和"走出去"，为提升国家文化软实力、增强国际话语权作出应有的贡献。

2. 学校文化管理的创新构建

相对于学校硬环境建设和制度建设，学校文化建设具有隐性特点，需要我们作出更加艰巨、更加长期的努力。学校文化与制度管理是有机统一、互为补充的。严格管理的规范制度能否落实到位，取决于人的思想高度和认识程度。学校文化必将为制度管理提供一个人文环境。

由此可见，文化与制度的关系，如道德与法律，学校文化是学校制度的有益补充，两者相互统一。总而言之，学校文化的出现和完善不仅是学校发展的必然，也将是传统教育方式向素质教育方式转变的必由之路。这种文化又是人的文化，是以人为本的文化，突出"人文""人本""人情""人性""人权"在管理中的作用，从而形成一个强大的"磁场"。它是弥漫在空气中的一种精神存在，在每一位师生的呼吸吐纳中，化为一种气质、一份修养，或是见于谈吐，或是形于笔端，形成学校管理的文化，即所谓的管理文化。校园文化建设在学校管理中的作用，按其不同层次来划分，主要表现在以下方面。

（1）用物质文化陶冶人。校园物质文化是校园的外显文化，是以某种文字符号为载体，将校园的精神显现于校园的各种标记物中，如校服、校歌、校刊、校报、雕塑、学校建筑、艺术节、文化墙、名言警句等，它是校园思想文化建设的前提和条件，是思想文化、制度文化赖以生存发展的基础和载体，有利于陶冶师生的情操。

优美的校园环境拥有春风化雨、润物无声的作用，如诗如画的校园风光、干净整洁的校园环境、美观科学的教室布置、文明健康的文化教育设施等，无不给学生以巨大的精神力量。学生在优美的校园环境中受到感染和熏陶，触景生情，因美生爱，从而激发学生爱学校、爱教师、爱同学、爱家乡、爱祖国的高尚情操；学生在幽静的环境中学习，感到舒心怡神，从而增强对环境的保护意识，所有这些都有利于学生正确的世界观、人生观、价值观的形成。

（2）用制度文化规范人。校园制度文化是指校园人在交往过程中缔结的社会关系，以及用于调控这些关系的规范体系，是校园一切活动的准则，它包括相关的法律法规、学校管理体制及其规章制度、组织机构及其运行机制、特定的行为规范等。校园制度文化从根本上决定着校园的正常运行和创新发展，是校园思想文化的保证。建立和健全学校规章制度，塑造良好的校园制度文化，既是校园文化建设的重要内容，也是提高学校有效执行力的重要保障。制度文化以其导向性与规范性、稳定性与发展性、科学性与教育性的特征彰显校园文化。

（3）用思想文化凝聚人。校园思想文化是指学校在长期办学过程中形成的一种学校意识和文化观念，它是一种深层次的校园文化，是校园文化的灵魂，主要体现在班风、校风的建设上。班风、校风表现在校园内多种文化载体及其行为主体之上，让人可以时时处处切实感受到它独特的感染力、凝聚力、震撼力。置身其中，受教育者无须教育者更多的说教，便会自然而然地、不知不觉地感悟它对心灵的净化和情操的熏陶。校园思想文化是校园的内隐文化，是校园文化的深层内涵，是在长期的校园物质文化、校园制度文化和校园行为文化的建设过程中积淀、整合、提炼出来的，反映学校广大师生员工共同的理想目标、文化传统、学术风范和行为准则的价值观念体系，难以用文字、符号表达出来。校园思想文化是一所学校整体面貌、水平、特色、凝聚力、感召力和生命力的体现。

校园思想文化作为一种强大的教育力量，对广大师生的健康成长有很大的影响：①导向功能，即指导个人正确认识和处理个人与学校组织的关系，把个人行为引导到学校组织

目标上来，使他们向着学校期望的方向发展；②凝聚功能，即思想文化起着心灵黏合剂的作用，它把各个方面、各个层次的人都聚合到一起，使师生员工对学校产生一种使命感、自豪感、归属感，形成强烈的向心力、凝聚力和群体意识；③激励功能，即思想文化往往能产生一种激励机制，激起校园人的积极性、主动性与创造性，使学校成员保持高昂的情绪和奋进精神，获得各种精神需求的满足；④控制功能，即思想文化具有强大的心理制约力量，使校园人接受必要的约束，使个体行为符合共同的准则；⑤辐射功能，即校园思想文化以其独特的方式，在对师生教育、影响的同时，也对周边及社会产生影响。

（二）学校学生管理的创新

当今社会，我们面临的经济和政治环境已经发生了深刻的变化，对于在校学生而言，他们是未来社会的知识精英和国家未来的栋梁。学校是培养和造就适应现代社会发展合格人才的基地，其培养的目标是具有创新精神和实践能力的高级人才，科学、规范、创新的学生管理工作是实现这一目标的重要保证。学生管理工作是学校各项工作的主要组成部分，它体现着一个学校的校风、校貌，是一个学校管理水平的重要标志，而学校管理水平，已成为衡量学校综合水平和学生素质的一个标准。在当前的新形势下，学校学生管理工作出现了许多新情况、新问题，如何使学生管理工作科学化、制度化、法治化，培养出大批合格的人才是当前学校管理研究的一个重要课题，也是公共管理学研究的重要内容。

学生管理工作是学校教育教学工作的重要组成部分。近年来，随着我国社会体制改革和学校教育改革的进一步深化，学校学生的学习和生活环境发生了新的变化，学校学生管理工作也面临新的挑战。随着我国社会主义市场经济体制的逐步建立和完善，学生成长的外部环境和内在因素发生了很大的变化。教学管理制度的改革、收费制度的改革、学校后勤社会化、就业形势变化等，都给学生管理工作带来了许多思想认识和教育观念方面的新变化。

加强和改进学生管理工作的对策是：在明确管理目标的基础上，树立科学的管理理念。学生管理工作应变被动为主动，"以人为本"强调学生的主体性，注重学生的主观特性，尊重学生的个性发展；坚持教育与管理相结合，强化学生自我管理。在此基础上，还应该积极探索新的管理模式，完善学生管理体制，建立变分散为集中的管理，变多中心"小而全"为集中的"精而专"，变间接管理为直接管理；健全学生管理制度，使学校管理科学化、法治化；积极运用管理进网络、管理进社团、管理进公寓等新手段，拓展学生管理工作空间，运用现代化的教育管理手段，使学校学生管理工作进一步科学化、制度化、规范化。

1. 学校学生的特点

（1）思想认识多元化。作为学生管理工作的客体，学校学生一般具有以下特征：①思想具有社会性。学校学生的思想状态源于社会，紧跟时代步伐，社会上的一切重大情况、现象及其对青年的影响都会从学校学生身上表现出来。②认知具有能动性。高校学生是最富有主观能动性和积极创造性活力的群体，他们在接受思想政治教育时往往从自己的主观出发，具有主动的选择意向，这也体现了他们独具个性的自我认知状态。③身心的可变性。学校学生是一群从生理到心理正在趋向成熟的群体，特别在心理上、思想上、可塑性上体现得最为明显。学生的思想状况可以概括为以下方面。

第一，爱国热情高涨，理想信念坚定。从总体上看，当前学校学生的思想政治状况是积极的、健康的、向上的。学校学生保持了较高的爱国热情，能理性地看待国家改革、发展面临的机遇和困难，对保持稳定的政治局势和经济的可持续发展有信心。学校学生所密切关注的国内外大事和工作主要集中在涉及国家根本利益和建交关系上。今天的学校学生，把个人的前途同国家的发展联系在一起，因而他们关心国家大事，关心国家的发展，也关注着发展中存在的问题。有所不同的是，对发展中存在的问题，今天的学校学生分析判断的能力增强了，观察分析问题比较客观、冷静，多了一些理性思考，少了一些情绪激进，换言之，这是学校学生思想成熟的表现。

第二，健康积极看待人生，务实进取实现自我。健康积极、务实进取是学生人生观和价值观的主流。相比以往，今天的学校学生更加注重自我价值的实现，并渴望能将对社会的贡献和个人价值的实现统一起来。学校学生健康积极的人生态度主要表现在绝大多数学生的基本价值判断上。学生务实进取，有着强烈的社会责任感和历史责任感，他们渴望施展才华，为国家和社会作出自己的贡献。尽管学校学生的人生价值观主流、健康、向上，在价值判断上，高度认同奉献精神、社会责任感、国家和集体的利益高于一切等，但在具体的价值选择上，部分学校学生更加注重自我发展、自我实现，这使得学生的人生观、价值观呈现多样化的特征。

第三，拥护学校教育改革，注重全面素质提高。随着我国学校教育改革的不断深入，改革的成果正在逐步显现出来，学校学生作为这些改革措施最直接的受益者，自然地成了学校教育改革的拥护者和促进者。与改革相伴而来的是社会的快速发展，激发了学生成功、成才的愿望和自觉性，使学生更加注重自身素质的提高。学校学生十分关注学校的建设和发展，对学校教育改革，特别是其中有利于自身发展、提升自己社会竞争力的改革高度认同。学生赞同全面推进素质教育、深化教学改革，对改革毕业生就业制度和鼓励学校学生自主创业持肯定态度。学校后勤社会化改革，转变了高校后勤的社会服务意识和服务观念，使学校的学习、生活条件有了一定的改善。身处校园的学校学生已经逐渐开始走向社会，他们渴望通过高校的学习来丰富和完善自己，占领就业上的制高点，赢得发展上的主动。相比以往，学校校园学习气氛更加浓厚，学风也有了明显好转。

由于社会和家庭环境等多方面的影响，学校学生在智能结构、性格特征、心理品质和社会使命感等方面又有与同龄人不同的表现：①自我意识突出，自主性较强。由于知识储量的增加，学校学生追求自我选择、自我内化，这是学校学生与同龄人最显著的区别。由于学校学生自我意识突出，自主性较强，他们会千方百计地实现自我价值，使学校学生群体呈现勇于创新的勃勃生机。但是，如果有的学生自主选择不当，选择的方向和内容就会与社会要求不相适应，甚至有违背社会政治道德的倾向。因此，加强学生管理工作，帮助他们树立正确的人生观和价值观，引导他们把自我价值的实现与国家、社会的需要紧密地结合起来是十分必要的。②社会责任感呈现情绪化色彩。学校学生具有较强的社会责任感。但是由于社会经验不足，学校学生的社会责任感往往带有情绪色彩，在社会发生重大事件的关键时刻常常出现偏差，导致事件的后果和预期不同。这更加说明要加强学生管理工作，时刻关注他们的思想动态，引导、帮助学校学生健康成长。

（2）生活学习方式多样化。学生从高中升入大学、高职、高专后，就进入人生一个新的起点。不管是在学习上还是在生活上，都会与原来有很大的不同。

第一，生活方式多样化。生活方式是指人们在衣、食、住、行、爱好、文化活动、风气等方面的方式和行为习惯。在学校里，每个学生的生活方式都不尽相同，有的学生把自己大量的时间都放在学习上，有的学生利用业余时间来打工挣钱，有的学生喜欢运动，有的学生喜欢和同学们结伴去旅游等。

第二，学习方式多样化。在进入学校后，学校学生普遍感到知识浩如烟海，各类活动繁多，这为每个人的发展提供了广阔的天地。以怎样的学习方式才可以处理好课本知识与课外知识、专业学习与能力培养等诸多方面的关系是许多高校学生深感矛盾、困惑的问题。学校学生的学习，除了听课这一主要途径外，还有自学途径、学术交流途径、多媒体教学途径、社会实践途径等。以多样的学习方式进行学习是学生必须掌握的一项基本功。学校学生学习和获得知识的方式和渠道多种多样，随着学分制的推行和素质教育要求的提出，学校学生自选专业、自修课程、自定目标、自我发展的意识相对增强了；随着学校学生居住公寓化和后勤服务社会化的不断完善，因住宿、生活、学习而结识在一起的学校学生群体逐步在增强和扩大，这些都是学生学习方式和组织形式多元化的具体表现。

第三，性格特征复杂化。学校学生性格特征的复杂化，主要在以下现象中特别突出。

一是务实与实惠的调和。学校学生能较冷静理智地看待社会实际，但更多地关注与他们自身的生存发展相关的社会实际。个人发展机会、职位的高低和工资收入成为学校学生择业的重要评价指标或选择条件。

二是渴望与满足的不协调性。学校学生迫切想要了解新知识、吸收新观念，对知识学习的要求较为强烈，选择知识的目的性逐步增强，但不能只满足热门、自己的喜好和眼前的需要，对自己的业务知识、能力水平、综合素质等方面需要有正确的判断，并制订更高、更全面、更长远的目标与要求。

三是心理及个性化发展的不协调性。在现在的学校学生中，独生子女的比例较高，他们具有较强的自我意识、竞争意识和自强精神，追求个性化发展。因此，他们的集体主义观念、团队协作精神需要提高。一些学生对学校、社会的期望值较高，但对社会的复杂性认识不够；自我意识较强，重视自我价值，但对现实自我价值的认识不足。

2. 学校学生管理实施的创新策略

（1）加强和改进学校学生管理工作。

第一，明确管理目标。学校是依据培养目标来实施管理的，具体而言，可以从以下方面明确管理目标。

一是心态方面。这个心态应该是科学的、贴近实际的、符合社会发展方向的、中西方先进理念相结合的。学校学生要有很强烈的社会责任感。今天的学校学生就是祖国未来的栋梁，他们在社会主义现代化的进程中，起到了举足轻重的作用；教师要有意识地让他们多参加社会实践，帮助他们尽快地接受这个社会，热爱这个社会，报效这个社会，对今天学校学生的要求是要让他们有理性的思考。

二是文化方面。东西方文化并不是对立的，它们都是现代文明的一笔丰厚的遗产。要引导学校学生正确对待东西方文化的差异，树立正确的文化观。

三是消费观方面。学校学生要有正确的消费观，学校、教师要引导他们量力而行，把自己的消费建立在可行的、科学的基础上。

四是文明礼貌方面。学校要引导学生做一个讲文明、懂礼貌、尊老爱幼的人。

第二，树立科学的管理理念。如今，高素质、高质量的人才是具有高度责任感、熟悉中国国情、致力于解决中国及世界经济建设和社会发展的实际问题的人才；是具有创新精神、创业精神、创新能力、实践能力，有能力解决中国及世界经济建设和社会发展实际问题的人才；是能活跃于国际舞台、活跃于信息化时代、活跃于市场经济条件下的竞争环境、活跃于终身学习社会的人才，而学校的任务正是要为社会管理出这样的人才。因此，这就需要学校树立科学的管理理念。

一是营造环境的重要性。具体表现为：①营造好的制度氛围。如优美如画的校园、良好的道德环境、和谐的人际关系等，这些非常有利于学生的健康发展。②学校领导和教职员工的示范效应。如果家长是学生的第一任教师，那么学校领导以及广大的教职员工，就是学生的第二任教师。心理和社会角色定位使学生的言行富有模仿性，也最信赖他们的教师，把教师看作知识的化身、高尚人格的代表以及他们天然的学习榜样。教师的示范效应是由学生本身的心理角色定位而形成的。因此，对学生的要求，即对教师自己本身的要求，按照"社会认同原理"，一定要做学生的楷模和偶像。③运用管理学的"破窗原理"，发现有不好的现象及时地消除掉。

二是管理必须以学生为中心。在学校教育改革不断深化的今天，学生管理者应重视转变管理观念，只有管理观念的更新，才能实现学生管理的创新，做到既按照合格人才的标准严格要求、精心管理，又根据学生特点，充分发挥其良好个性；既坚持宏观指导，又深入学生进行个别引导、教育；既坚持用统一的制度和培养标准去要求学生，又坚持按不同层次评价和教育管理学生；既坚持宽严结合，又做到动态管理，从而提高管理的实效性和科学性，促进管理水平迈上一个新的台阶，更好地实现学校培养高素质人才的目标。树立"以人为本"的管理思想，是做好高校学生管理工作的首要前提。人本理论是现代管理科学经常用到的主要理论之一，它在现代企业管理中起着很大的作用。在学校学生管理工作的应用过程中，树立学生管理工作人本价值观，以人为本，尊重人的本质的主体性、能动性和多样性，这是学生管理工作从传统走向现代的创新之路。

三是要注重人的主体性。在学生管理工作的过程中，学校学生既是管理的客体，又是管理的主体。因为学校学生管理归根到底是对学生的管理，从管理的决策、组织实施到目标的实现，都要依靠学校学生，故高校学生是管理中的主体；学校学生还需要管理者的教育引导，他同时也是被管理者，从这一层面而言，学校学生又是管理的客体，两者应是辩证统一的。所以，在管理工作中应该确立"以学校学生为中心"的思想，开展的一切管理活动都是为了服务于学校学生，要尊重学校学生的人格特点，最大限度地发挥学生的主动性与创造性，使之能够以主体的姿态积极参与管理活动，主动接受管理和开展自我管理。

四是要注重人的主观特性。人是有思想感情的，人的认识过程是一个复杂的系统，理性的思维过程是建立在情感、欲望等主观特性基础上的，它必须以人的基本要求、积极情感以及意欲作为动力。如果人的非理性本能要求、情感经常处于被压抑的状态，就不会有真正的理性之光。人与人之间的信息交流与传递，必须具有一定的心理基础，如果在信任心理基础上进行交流，教育者发生的思想信息和目标要求，往往会被受教育者顺畅地接受，并能产生积极的行为效应。所谓情感管理，是指在管理过程中尊重人的个性特点、考虑人的情感因素，强调师生之间进行双向情感交流，尊重人的情感，其关键在于"以情感人"。这就要求管理者在按章办事的同时，真心实意地为学生服务，急学生之所急，想学生之所想，对学生进行情感投入，同时也注意把握学生的情感反应，通过情感沟通，了解学生的实际情况和出现的问题，并给予指引和教育，以达到有效管理的目的。

五是要尊重人的个体多样化。人的个性是客观存在的，并具有个体差异。作为管理对象的人，具有不同的社会属性和时间、空间属性。管理对象个体由于学习动机、兴趣、价值观等的影响和支配，以及原有的知识经验、情感意志等因素的制约，在接受教育管理的过程中，个体的思想行为必然带有鲜明的个性色彩，对同一问题具有不同的看法和态度。这就要求我们在做学生管理工作的时候，要面对现实的人，全面准确地把握不同的管理对象，所具有的共同特征和个性差异，针对不同对象的思想实际，制订不同的计划，提出不同层次的要求，并且运用不同的方法，有的放矢地解决不同管理对象的各种思想矛盾和思想问题。高校学生由于家庭条件、社会经历、个性特点、气质、能力和兴趣爱好的不同，思想活动的内容和特点也就千差万别、错综复杂。

（2）完善学生管理体制。学生管理是对在校学生的全方位管理，内容比较广泛，涉及学校的多个部门，需要各部门协调一致，理顺各部门关系形成合力，以应对学生管理面临的新问题。因此，在学校学生管理工作中，需要采取的策略如下。

第一，要加强学生工作机构的建设，强化其组织协调功能。理顺学生管理系统各部门、各层次、各岗位的职责权限关系，建立健全责任制，做到责任到岗，责任到人，责、权、利相统一。

第二，要适当放权，发挥基层作用。现行的学校管理体制是以校、系两级职责分明、条块结合的学生工作网络，以及运行机制为显著特征的，校、系应组织担负对学生进行思想教育和行政管理的双重任务。因此，既要赋予系开展学生管理工作的职责，又要让其拥有开展学生管理工作所需要的权力，做到权责统一。适当下放管理权限给各个系，便于其及时发现问题，及时教育处理，可提高管理工作的实效性。

第三，实行年级辅导员制，与学分制相适应。强化以系为单位的年级管理，进一步增强班级管理、专业教学之间的融合力度。但强化并不否认班级管理，因为在学分制的条件下，学生班级仍然是一个重要的学生单元组合，应纳入学生管理体制。

（3）健全学生管理制度。学生是学校最大的群体，学生管理工作的成效直接关系到整个学校的稳定与发展。学校教育改革迅猛发展，使学校越来越成为没有"围墙"的校园。学校学生的智商高、知识面广、观念更新周期短、法律意识不断增强，学校学生个体之间、个体与学校之间的权利和利益关系也变得更加复杂，这迫切要求学生管理工作要运用法律和规章制度调节规范各主体之间的关系。依法治校、依法对学校学生进行教育和管理是学校教育的任务，也是学校学生管理工作的指导思想。因此，建立科学、规范、完整的学生工作规章制度是学生管理工作的需要。学校应按照国家有关法律规定，依据本校实际情况，制定完整的、可操作性强的程序、步骤和规章制度，并以此规范学生的行为，行使有效的管理。

第一，学校在对学生的管理中，必须依法制定全方位的规章制度，并对现有的规章和条例进行清理和修订，过去行之有效的方法和改革成果应予以继承，同时要充分考虑整个社会法制的进步和依法治校原则，对学生管理的要求，无论是修订原有的规章制度，还是重新制定规章制度，都要注意与国家的法律法规、方针政策相一致，在规范管理的同时，要注意保护学生享有的合法权益，真正体现法的价值。

第二，要更正一种错误观念，即仅仅将法律作为一种工具和手段来治理学校和办理一切事情，把法治化管理理解为"以罚治校，以罚代管"。"管理"并非管制，"管理"是管理和服务的统一，要把法律作为管理学校的依据和最高权威，法律除具有评价、指引、预测人们行为，保护、奖励合法行为以及思想教育等基础功能。

第三，建立学生保护机制，保护学生的合法权益。可以建立学生申诉制度，使学生权利得到保护。

（4）改进学生管理方式。学校学生管理工作应以改革创新的精神，积极探索新途径、新方法、新手段，大力推进学生管理工作进网络、进社团、进公寓，形成学生管理的新格局。

第一，学生管理工作进网络。网络技术使教育发生了根本变革，它日益成为学校学生获取知识和各种信息的重要手段。网络文化具有内容丰富、传播快捷、环境放宽、覆盖面广、难以监控等特点。学校应充分利用网络这一现代化手段，搭建起有效的信息网络，积极拓展学校学生管理工作的新领域。计算机技术是信息时代的高科技技术，是学校学生必须掌握的一门应用技术。因此，要正确引导和教育学生健康地使用计算机，真正提高学校学生的网络知识层次和上网水平。

一是要加强网络道德和心理素质教育，增强学校学生的自控能力。应定期举办网络知识和网络讲座，对上网学生从思想上进行正反两方面的教育，树立学生的责任意识，以增强他们的是非敏感能力和鉴别能力。

二是要加强网络管理，严格入网要求。一方面，要提高校园网主页质量；另一方面，要加强与校外网吧的联系，帮助学生走上健康之路。

三是要引导学生开展一些丰富多彩、健康向上的活动，多举办一些与学生利益相关的计算机知识竞赛和问答。

四是要培养团队精神，增加人际交往，实现师生之间、学生之间、学生与学校之间的网上交流，拓宽学生思想教育工作的渠道。学生管理工作者应掌握网络信息技术，学习网上的教育方法，及时收集、分析、监控网络信息，发现学生关注的热点、难点问题，尤其是带倾向性、群体性的问题，应及时采取有效措施，有针对性地做好工作。

第二，学生管理工作进社团。校园文化是以学生为主体，以课外活动为主要手段，以校园精神为主要特征的群体文化。生机蓬勃、稳定和谐、健康向上的校园文化氛围，可以使学校学生在参与中陶冶情操、规范行为、开启智慧，产生一种归属感和安全感，有利于增强学生客观认识自我、完善自我以及自我判断、自我发展的能力。在素质教育发展下，社团文化建设已成为校园文化建设的一个核心内容。换言之，无论是早期的文学社、艺术团、学术沙龙，还是近期的公关协会、科技开发中心等，都是青年学生在不同层次需求的驱动下，展示才华、锻炼能力、加强联系、获得沟通的好场所。学校学生管理的工作者应该充分利用社团，开展社团的思想指导和管理工作具体如下。

一是要提升校园社团文化的活动层次。加强校园社团文化建设就是要努力提高社团文化建设的层次，使它接近或略微超过学校学生的理解能力和欣赏水平，从而更适合学校学生的爱好。

二是要加强学生社团的规范与管理。学生社团是学生自我管理、自我教育的重要形式。学校要加强对社团组织的管理，使社团在开展活动时注意遵循以下原则：①学生社团必须服从学校的领导以及管理，学生社团应在宪法、法律和校纪校规范围内活动，不得从事与社团宗旨相违背的活动；②学生社团邀请校外人员到学校进行社会政治和学术活动，必须经学校同意；③学生社团面向校内的刊物，必须经学校批准，并接受学校管理。

三是要注意坚持开展校园社团文化活动的长期性与实效性。有些地方开展校园文化活动存在着节日时活动较多，平时则活动较少的现象，需要注重学生从活动中获益，这样的活动与教育目标才是相合的。

第三，学生管理工作进公寓。随着高校后勤服务社会化步伐的加快，学生公寓的环境氛围、文化设施、管理服务的质量以及公寓的管理模式都对传统的学校学生管理工作提出了新的挑战，也给学校的稳定工作带来了新的问题。因此，学生管理工作进公寓既是学校教育改革与发展的时代要求，是学校学生管理工作者的战略抉择。学生管理工作进公寓是一项全新的工作，也是一项艰巨的工作，学校要根据当前学生公寓的管理特点，建立学生管理工作新的组织形式、工作机制。学生管理工作进公寓，要特别重视加强对学校学生集群行为的控制与引导。一方面，要教育引导学校学生全面、客观、辩证地思考问题；另一方面，要建立正常的信息反馈和对话机制，针对问题，因势利导，及时进行情绪疏通，从而加强对学校学生集群行为的控制与引导。

总而言之，现代社会需要的是综合素质高且具有创新精神和实践能力的高级人才。如果要实现教育理念下的学校教育教学管理这一目标，新形势下高校学生管理工作必须变被动为主动，确立以人为中心的管理思想，把学生看成既是管理对象，同时又是管理主体，在管理中充分发扬民主，调动学生的积极性，加强自我管理。同时，我们还需要不断加强学生管理工作队伍建设，探索新的管理模式，运用现代化的教育管理手段，使学校学生管理工作进一步科学化、制度化、规范化。只要不断学习和积极探索，学校学生管理工作一定能适应新形势的要求，为人才的培养作出更大的贡献。

第三章　教育教学及其信息化发展

第一节　教育教学设计与艺术风格

一、教育教学设计的认知

（一）教育教学设计的特点

1. 设计的特点

（1）设计的超前性和预测性特点。设计是在进行活动之前，事先对活动所作出的一种安排或策划。换言之，设计在前，活动在后。设计必须在活动之前完成，具有一定的超前性。例如，一个工程项目，必须在施工之前完成一个工程设计方案设计，事实上是对解决新问题的一种构想，它虽然考虑了影响解决新问题的各种因素，但是设计还没有实施，无法落实解决新问题的方法，只是设想或预测相关问题的解决方法。

（2）设计的差距性和不确定性特点。设计是在某种理念和需要指导下所形成的一种实施方案，与实践活动还有一定的差距。因此，实施设计的过程，实质上就是不断调整和缩小实施方案与现实活动之间差距的过程。由于设计者对问题的理解、条件的分析、所采取的解决问题的方法等具有较大的动态性，而设计的结果则是在这种动态变化中产生出来的。因此，设计的结果具有较大的不确定性。

（3）设计的创造性和想象性特点。在日常生活中，有许多富有创意的设计令人颔首赞叹，而一般的设计却使人难以留下印象。虽然设计的各种条件可能大致相同，但是却可以产生不同创意的作品，设计包含着设计者的创造性，设计也具有丰富的想象性。设计方案带有设计者的主观想象成分，设计者提出不但富有创造性的设计方案，而且带有充分想象性的设计方案，才是设计所追求的理想境界。

2. 教学设计的特点

"教学设计是教学质量的重要保障"[1]，是分析学习需要和目标，以形成满足学习需要的传送系统的全过程。教学设计是为了便于学习各种大小不同的学科单元，而对学习情景的发展、评价和保持进行详细规划的科学。这两个定义，描述了教学设计的根本特性。但教学设计的其他特性也不应被忽视，那就是教学设计是设计的一种类型，它是把"教"与"学"的原理用于策划教学资源和教学活动的系统过程，是教学理论、学习理论、设计思想和技术应用，是教育教学理论与现代教育技术结合的综合系统。

教学设计是以获得优化的教学效果为目的，以学习理论、教学理论和传播理论为理论基础，运用系统方法分析教学问题、确定教学目标、建立解决教学问题的策略方案、试行解决方案、评价试行结果和修改方案的过程。所谓教学设计，就是为了达到一定的教学目的，对教哪些（课程、内容等）和怎样教（组织、方法、传媒的使用等）进行设计。教学的活动具有明确的目的、丰富的内容、复杂的对象、不同的形式、多样的方法、灵活的传媒、固定的时间、繁重的任务，以及影响教学活动的各种多变的因素。

教学活动要在诸多因素影响下，取得令人满意的绩效，优质高速地达到预定目标和完成预期任务，更需要对其进行全面细致的安排和精心巧妙的设计。因此，教学设计是指在进行教学活动之前，根据教学目的的要求，运用系统方法，对参与教学活动的诸多要素所进行的一种分析和策划的过程。简言之，教学设计是对教哪些和如何教的一种操作方案。教学设计具有以下特点。

（1）教学设计强调运用系统方法。教学设计把教学过程视为一个由诸要素构成的系统，因此需要用系统思想和方法对参与教学过程的各个要素及其相互关系作出分析、判断和操作。这里的系统方法是指教学设计从"教什么"入手，对学习需要、学习内容、学习者进行分析；然后从"怎么教"入手，确定具体的教学目标，制定行之有效的教学策略，选用恰当经济实用的媒体，具体直观地表达教学过程各要素之间的关系，对教学绩效作出评价，根据反馈信息调控教学设计各个环节，以确保教学和学习获得成功。

（2）教学设计以学习者为出发点。教学设计非常重视对学习者不同特征的分析，并以此作为教学设计的依据。它强调充分挖掘学习者的内部潜能，调动他们学习的主动性和积极性，突出学习者在学习过程中的主体地位，促使学习者内部学习过程的发生和有效进行。它注重学习者的个别差异，着重考虑的是对个体学习者的指导作用。这与传统教学的以学习者平均水平作为教学的起点具有明显的差异性。

---

① 许艳玲. 现代远程开放教育教学设计的原则 [J]. 林区教学，2014（3）：115.

（3）教学设计以教学理论和学习理论为其理论基础。教学设计依赖系统方法，可以保证过程设计的完整性、程序性和可操作性，但设计对象的科学性是系统方法无法解决的。保证设计对象的科学性，必须在现代教学理论和学习理论的指导下，才能设计出科学的教学目标、教学程序、教学内容、教学策略和教学传媒体系，从而保证教学设计能获取优化的教学效果。教学设计是一个问题解决的过程。教学设计是以促进学习者学习为目的的，所以，它是以学习者所面临的学习问题为出发点，进而捕捉问题，确定问题的性质，分析研究解决问题的方法，最终达到解决教学问题的目的。从以上分析中可以看出，教学设计不是以方法找问题，而是以问题找方法。这就增强了教学的针对性，提高了教学的有效性，缩短了教学时间，提高了教学效率，使教学活动形成优化运行的机制。

（二）教育教学设计的功能

第一，突出学习者的主体地位。在"教"与"学"的双边活动中，学习者发挥着主体作用。因为，学习者是学习活动的主体，学习者是有意识的人，学习的内在动力源于学习者。所以，教学设计是在对学习者进行全方位的了解和分析，获取大量信息的基础上，才着手进行设计的。教学设计是以学习者的"学"为出发点，遵循了学习的内在规律性。教学设计者是站在学习者的立场上，进行教学目标的确定、教学策略的选择、教学媒体的应用、教学过程的描述。总而言之，教学设计是以学习者为中心，围绕着学习者在学习过程中遇到的学习问题而展开教学设计的。

第二，增强学习兴趣。教学设计了富有吸引力的教学活动，因为在教学设计中充分考虑了学习者的特点，运用了相应的教学策略，采取了有效的教学方法和教学形式，更好地解决了学习者的学习方法问题，灵活地应用了教学媒体。通过一系列的措施，减轻了学习者过重的学习负担，使学习者乐学、会学、主动地学。在轻松愉快、巧妙安排、精心策划的教学活动中，无疑会增强学习者的学习兴趣，提高其学习的积极性。同时，有利于开发学习者的智力，挖掘他们的潜能，培养他们的创造意识和创造精神，并使其形成良好的个性品质。

第三，增强教学工作的科学性。20世纪80年代兴起的教学设计，是从教学规律出发，应用系统的观点和分析的方法，客观地分析了教学工作的规律和特点，突破了传统教学工作环节的局限，设计了新的教学工作程序和环节。教学设计从教学工作中的问题和需求着手来确定目标，建立解决问题的步骤，选择相应的策略和方法等。所以，建立在系统观点和分析方法基础上的教学工作，其科学性得到了进一步增强。

第四，提高教学效率和教学效果。教学设计的主要目的就是要设计出低耗高效的教学过程。在教学设计中，我们需要对学习需要、学习内容和学习者客观地进行分析。在分析的基础上，减少了许多不必要的内容和活动，然后清晰地阐明教学目标，科学地制定策略、选用教学媒体，合理地拟定教学进度，正确地确定教学速度，准确地测定和分析教学结果，使教学活动在人员、时间、设备使用等方面取得最佳的效益。

第五，强调目标、活动和评价的一致性。教学设计采用的是系统方法，它把教学设计本身看成一个系统，而教学目标、教学活动和教学评价是其子系统。各子系统之间和子系统各要素之间相互配合、相互协调、共同发展，才能确保整个教学设计系统的优化运行。因此，教学设计十分重视并强调各子系统及各子系统要素之间的最佳配合，即教学目标是教学活动的出发点和归宿，教学目标也是教学评价的依据。这样才能使教学设计系统形成良性运行的机制，使教学达到最佳的境界。

（三）教育教学设计的系统观

1. 教学设计系统观的特性

（1）融合性。系统观的教学设计一再强调，它并不完全反对或一概排斥教学设计领域中先后出现的各种理论观点，而是融合了各种理论观点，并将其灵活运用于教学设计中，科学地吸收了各种教学设计观的合理因素，并使之具体化。系统观的教学设计虽然兼容了各种教学设计观的长处，以系统论的思想和观点，作为制定教学设计的主导思想，在教学设计中起统领作用。

（2）分析性。系统观教学设计认为，教学设计的出发点是学习者。在进行教学设计时，不仅要考虑到教学方面的要求，更要考虑到学习者原来具有的准备状态，以求教学从学习者的实际出发。为此，分析学习者原有的知识状况和发展水平，现实的发展水平和潜在的能力，分析现实的教学环境和教学条件是十分重要的。不仅如此，教学设计还要对学习需要、学习内容等方面进行分析。在全面分析的基础上，才能着手进行教学设计，才能保证教学设计的合理性和科学性。

（3）选择性。系统观的教学设计特别强调选择性，它努力探讨教学过程所有因素以及它们之间的相互关系，为课程决策（课程、内容等）和教学决策（组织、策略、方法、媒体等）提供尽可能多的选择。在具体的教学设计中，系统观的教学设计对教学模式、教学策略、教学媒体的选择较为重视。这是系统观教学设计与传统的教学之间的显著差异之所在。

（4）工具性。系统观的教学设计是从问题着手进行设计的。因此，它的功效之一，就是竭力使教学设计成为发现教学问题和解决教学问题的工具或是指南。教学设计者力求让使用者对问题及处理办法一目了然，并且易于核查。一旦在操作过程中出现问题，也能找到解决问题的办法和可能解决问题的途径。这就方便了教师，克服了教学的盲目性和随意性，减少了教学过程中的曲折，避免了教学的失误，赢得了教学时间，提高了教学速度。

（5）具体性。一般意义上的教学任务过于笼统，往往从整体上进行强调，没有把教学任务具体化，并落实到教学过程中的各个环节上，不便于操作。而系统观的教学设计则要求把教学任务分解为具体的目标，并用准确无误的、具有可操作性的项目来表示，同时要求把这些项目落实到教学过程的各个环节上。这样，师生都能明确地、具体地掌握这些已经过分解的教学任务，便于及时检查教学任务和学习任务的完成情况，并准确找出缺陷所在，以便及时加以补教。

（6）参照性。系统观的教学设计主张，在评定教学效果时，要作出科学的、客观的测量，必须依据教学过程前后的变化和学习者的学习成就，不能靠猜测和估计。特别是在评定过程中，不能只看测量结果，必须参照教学过程的初始状态和学习者的初始水平。切忌只看结果，忽视起点的偏见。

2. 系统设计教学与传统教学的比较

（1）教学总目标。传统的教学根据所开设的课程和使用的教材来确定教学总目标。教学总目标的实现，则成为衡量教师能力和水平的标准；系统设计的教学，不仅根据所开设的课程和使用的教材来确定教学总目标，而且根据所隶属的更大系统的需求，根据学习者的学习能力和水平以及客观条件来制定教学总目标。

（2）学习者和具体教学目标。在传统的教学中，学习者在统一的大纲、课程、教材、时间、进度等方面的严格制约下，进行着统一的学习活动，被要求达到统一的标准。简言之，在传统教学过程中，学习者事先不知道教学目标，他们只能从教师的授课中和课本中间接地了解；而系统设计的教学，则是按学习者的不同状况和条件制定不同的教学目标，使用不同的教材，安排不同的时间和进度，开展不同的教学活动。其教学目标明确具体，并事先明确地告诉学习者，使师生双方都能做到心中有数。目标教学之所以受到广大师生的青睐，是因为目标教学符合系统观教学设计的思想和要求。

（3）学习者的初始状态。传统的教学对学习者的初始状态关注不够。例如，教师对学习者的学习能力、学习习惯、学习特点、学习方法、学习态度和认知结构等分析得不够深入。所有的学习者都是面对相同的教学目标和相同的教学活动及资料。而系统设计的教学，考虑了学习者的初始特征，特别是有关学习方面的特征，并据此安排不同的教学目标，开展不同的教学活动，提供不同的资料。显然，系统设计的教学照顾到了不同程度学习者的学习需要，使学习者能够获得学习上的成功，有效地贯彻了因材施教的教学原则。

（4）教材的选择。传统的教学使用的是指定教材，一般地区的学校和教师无权选择教材，不管教材是否符合学习者的实际情况。而系统设计的教学是按照教学目标的要求和学习者的实际挑选教材，甚至自编教材。随着我国课程和教材的进一步改革和发展，将会给学校和教师更大的自主权。

（5）教学内容的顺序。传统的教学是按照教学内容的逻辑顺序依次递进，没有考虑到必要的条件。例如，学习者的可接受性问题等。系统设计的教学，不仅按照教学内容的逻辑顺序逐步展开，而且根据学习理论的原则和必要的条件来安排教学内容的顺序。这样的教学安排，既符合可接受原则的要求，又符合学习者的实际情况，便于学习者掌握教学内容。系统设计的教学，在设计中不仅考虑到了"教"的顺序，而且考虑到了"学"的顺序。

（6）教学方法。传统的教学在教学方法的采用上受到了教师偏爱的影响，由教师感到能否驾轻就熟而决定采用何种教学方法；而系统设计的教学则依据学习理论和教学模式的研究结论，由教学目标和内容所决定，同时考虑了学习者的学法，教法与学法相呼应。因此，在系统教学设计指导下，必须科学地确定教学目标，深入分析教学内容，慎重选择教学方法。

（7）教学媒体的选择。传统的教学，教师根据自己的喜好和可行性选择教学媒体，其效果如何，初次使用时是不清楚的；系统设计的教学，主要是依据教学目标和学习者的特点进行选择。选择何种教学媒体还要基于理论研究的结果和实践的证明。教师在采用前一定要证明其效果如何，而后决定取舍。

二、教育教学设计的艺术风格

（一）教学艺术的特性与功能

教学艺术是关于教学方面的艺术。教学是一门艺术，因为教学具有艺术的特征。同时，教学又同艺术有所区别，这种区别恰恰反映了教学的科学性。因此，教学既是一门科学，又是一门艺术。教学是科学与艺术的统一体。艺术在最广义上是指任何技艺。这就是巧妙、精细、熟练地完成人们在生产、组织、意识形态等各种活动中提出的任务——这是"艺术"一词的第一个含义。按照美的规律来创造——这是"艺术"一词的第二个含义，这是一个较为狭窄的含义。作为精神文明领域的艺术创作——这是"艺术"一词的第三个含义，也是最狭窄的含义。

教学作为艺术也是有三层含义的：第一，教师要想实现教学目标，完成教学任务，必须在教学过程中综合适用各种方式方法，并形成熟练的技能技巧；第二，教师在教学过程中必须创造性地工作；第三，教师在教学过程中都在从事体现教师个性而独具特色的艺术创造活动。我们把教学艺术的这三层含义有机地同教育教学理论与现代教育技术结合起来，这样就可以确定教学艺术的含义了。教学艺术是指教师综合娴熟运用各种教学技能技巧，遵循教学规律，按照美的规律进行的独创性的教学实践活动的方式。

总而言之，遵循教学规律，按照美的规律是教学艺术的"真"；使教学减少喧嚣、烦厌和无益的劳苦，多具闲暇、愉快和师生和谐，是教学艺术的"善"；创造性的教学实践活动，是教学艺术的"美"。教学艺术追求的就是教学的"真""善""美"的境界。

1. 教学艺术的特性

（1）形象性。教学科学主要是运用严密的逻辑来实现教学目标，教学艺术则主要是运用生动、鲜明、具体的形象来实现教学目标。在这个过程中，师生使用较多的是形象思维。教学艺术的形象性主要表现如下。

第一，教师运用形象化的语言传授知识，使学生通过具体的、感性的形象思维活动把握抽象的理性知识。例如运用阿基米德发现浮力定律的故事，讲解物理学中的浮力定律，这就是一种形象性教学。

第二，运用绘画、素描、图表等板书手段阐释知识，使学生准确有效地把握各种复杂的关系。例如，运用对比表来显示同类事物的量的或特征的对比关系，运用图画表达事物之间的结构联系，等等。

第三，运用电视、电影、幻灯、投影、多媒体等现代教学媒体辅助教学，使学生通过视、听艺术，形象认识和理解知识。

（2）情感性。科学的教学主要是运用理性，以理服人；艺术的教学主要是运用情感，以情感人。情感既是教学的目标，又是教学的手段。心理学研究表明，情感性教学比单纯的逻辑性教学效果好得多，艺术性教学运用情感手段来达到教学目标表现在教学过程的各个环节中。

第一，创设情感性教学情境，使师生和学生之间感情和谐融洽，自然亲切，则易于产生共鸣。例如，同一班级的学生在不同情绪状态下学习，学习的效果大不一样。

第二，教师表现出情感性教态，表现出热情、乐观、和善、自然、亲切的教态，则会给学生以很大的感染。

第三，挖掘教学内容的情感因素，在语文、历史、地理、外语、政治等课程中，包含着丰富的情感内容，很好地挖掘、转化，对学生也有强烈的感染和激发作用。

总而言之，置学生于一种情感激发的气氛中，使其为之所感，为之所动，从而转化为强烈的学习动机，收到良好的教学效果。

（3）创造性。创造性是教学艺术的突出特点之一。教学艺术本身包含着创造性，教学艺术都是个性化的，有独特的风格，表现出了新颖性和独创性，这就是创造性。只有教学艺术具有了创造性，才能形成独特的风格，达到个性化。教学艺术的创造性表现如下。

第一，备课。在备课中，要精心研究教学内容的组织和表达方式，巧妙安排教学活动，设计教学方法，选择教学媒体，确定教学形式等。

第二，上课。教师在上课前虽然做了充分的准备，但在实际教学中会有很大变化。这就要求教师根据课堂教学情况，创造性地改变已安排好的教学活动、教学方法等，这样才能获得最佳的教学效果。

第三，教育机智。在教学过程中，常常会出现一些偶发事件，需要教师迅速决断。这就要求教师要有创造性的思维品质和较高的教学艺术修养与水平。

（4）个性化。个性化是教学艺术的突出特点之一。教学艺术大都是个性化的，形成了个人独特的风格，教学艺术的个性化是艺术创造者的个性特点在教学上的典型反映。教学艺术的个性化体现如下。

第一，教学设计的独创性，对教学过程、结构与环节等不是某种教学典型的机械模仿，或某种教学模式的生搬硬套，而是独特地处理，以新颖性、创造性为特征。

第二，教学资料运用的独创性，对教材的组织和安排，辅助资料的选择和运用等。

第三，教学媒体运用的独创性，对各种传统教学媒体（直观教具、示意教具）和现代化教学媒体（视觉媒体、听觉媒体、系统媒体）的技术和方法等的灵活恰当运用。

第四，教学语言风格的独特性，表现为或以轻松流畅见长，或以逻辑严谨见长，或以生动形象见长，或以机智幽默见长。

第五，教学风度、气质的独特性，表现为不故作姿态、矫揉造作，而是自然大方，有吸引学生的独特魅力。

（5）审美性。审美性是教学艺术最突出的特点。教学艺术的审美性表现如下。

第一，教学设计的美，具体体现为教学设计实施方案别具一格、具体可行、新颖独特、简明实用。

第二，教学过程的美，具体表现为整个教学过程自然流畅，开始引人入胜，教育教学理论与现代教育技术别具匠心，衔接环环紧扣，转化自然畅达，波澜起伏，结尾令人豁然开朗，顿开茅塞，水到渠成，或回味无穷，令人深思。

第三，教学语言的美，具体表现为言简意赅，通俗易懂，清楚准确，生动形象，抑扬顿挫，精练严密，富有启发性和感染力。

第四，教态的美，具体表现为衣着打扮大方美观，朴素无华，仪态端庄，态度真诚，举止潇洒。

第五，板书的美，具体表现为设计科学，布局合理，层次清晰，比例协调，重点突出，对比鲜明，书写规范漂亮。

第六，教学的内在美，具体表现为教师所讲授的教学内容富有科学美等。教学艺术的美是内在美与外在美的有机统一，教学艺术以其激情夺魄的魅力给人带来审美享受。

（6）即兴性。即兴性是艺术中的术语，指艺术创作中不事先酝酿、准备、排练等，临场发挥，即兴表演，常常产生出人意料的艺术效果。教学艺术的即兴性表现如下。

第一，即兴发挥，具体表现为，教师在教学过程中，犹如演员一样进入了艺术创造的角色，随着自己的情感、直觉、兴致、兴趣、灵感等的产生和作用，表现出相应的即兴发挥。这种现场发挥是不在原方案之内的，但顺乎教学情境之必然或自然，有锦上添花的作用。即兴性是在当地、当时的特定的教学情境中产生的，因此，具有不可再现性。

第二，处理突发性问题，具体表现为，在教学中，学生常常提出一些意想不到的问题，对这些问题作出迅速而恰当的解答，也是一种即兴发挥，但这绝不是没有依据。即兴发挥取决于教师的直觉思维、深厚的业务功底、较高的教学水平和教学能力，取决于教师能恰当地处理计划性与灵活性之间的关系。

2. 教学艺术的功能

教学艺术的功能是指教学艺术在教学活动中的各种作用，具有包括以下方面。

（1）发展功能。艺术性教学对人的艺术修养的作用是多方面的。教师组织的各种艺术性教学的活动，艺术性教学的语言、教态、板书等，都以其特有的功能来培养学生的美感，对发展学生审美能力、创造美的能力产生重要的影响作用。另外，教师美的形象与品格、美的教学活动影响了学生的审美感觉，使其产生新奇愉悦等感觉，经过形象思维的加工上升到审美情感，这种审美情感达到一定的审美强度，就会使学生产生表现美和创造美的冲动。总而言之，教学艺术具有培养学生的美感、发展学生审美和创造美的能力的功效。

（2）促进功能。

第一，促进学生的学习。教学艺术美，首先是包含教学本身的"真"，即关于教学的科学知识。在教师富有艺术性的教学中，学生通过对教学艺术美的领悟，理解了其中真的内容和哲理，获得了关于教学的科学知识。其次是包含教学内容的"真"，即作为教学内容的科学知识。在艺术性教学中，学生精力集中，情绪兴奋，思维敏捷，这就大大提高了学习效率，加快了科学知识的学习。

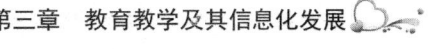

第二，促进学生道德的发展。教学艺术在以美的内容和形式引导学生爱美、表现美、创造美的同时，也引导着学生追求善，做一个有道德的人。

第三，促进学生身心的发展。教学艺术具有情感性、形象性、娱乐性的特点，它能引起学生愉快、喜悦的情感体验，这种体验既是一种心理活动，又是一种生理活动，它既影响着人的生理的生长与发展，也影响着人的心理的健康发展。

（3）推动功能。教学艺术有推动教学过程的进展的功能，这一功能源于教学艺术能引起人的兴趣，激发人的内在动机，使教学成为情感、个性活动的过程。艺术性的教学就像万能的磁铁，紧紧吸引着学生的注意力，使其全神贯注又乐此不疲。教学艺术常用一些艺术表现手法，如幽默、机智、比喻等，使枯燥、呆板、平淡、无奇的教学过程变得风趣、灵活、热烈、新奇，使学生处于兴奋状态。这就能推动教学过程的进展，使教学活动高效低耗地进行。

总而言之，教学艺术还具有其他功能，这些功能在教学的过程中是综合的，具有整体性。各种功能在教学艺术实践活动中是综合地发挥功效的。教师在教学实践活动中，一定要加强教学艺术的修养，提高自身的教学艺术水平，使自己成为一个教学艺术家。

（二）教学设计中艺术风格的类型与形成

1. 教学设计中艺术风格的类型

（1）典雅型：这种风格以庄重朴实、老练娴熟、严谨不苟、蕴含深远、韵味醇厚为特点。其教学指导思想往往是经典的、权威的或反复证明了的，但信奉经典而不守古，能够翻新和活用；在教学表现的方式方法上稳健、完善、和谐，很少有失误。听这种课，有一种很浓、很深、很远的审美感觉。

（2）新奇型：这一风格注重革新，对于新产生的教学思想以及理论敏感，运用也快。其艺术特色是：形式新颖，富有独创性，发展变化快，不断破旧立新，灵活多变、教育教学理论与现代教育技术有很强的吸引人的艺术魅力。这种教学艺术在实际中也多见，其中较有名的是魏书生的语文教学艺术。其教学艺术的思想来源较新，他对弗洛伊德、荣格、雅科卡、卡耐基、严新等人的思想有很深的了解，并善于把握和运用于教学实践；在教学艺术表现方式方法上，不断求新。他的每堂课都有新的创造，听他的课，堂堂新鲜，很难找出固定化的模式。实际上，新奇正是他的不固定中的稳定的教学艺术风格。

（3）情感型：这种风格的基本思想或理论基础，即教学是人与人的影响过程，人的情意因素起着重要作用。因此，教学要以情感为基础。这种风格的主要特点，是感情充沛、热烈，具有很强的感染、震撼力量，师生关系和谐融洽，教学配合默契。属于这种风格的著名教师有斯霞、于漪、霍懋征、李吉林等。以李吉林的教学艺术为例，她把自己的教学艺术称为"情境教学"，实际上，就是情感教学。

（4）理智型：这种风格的思想或理论基础，即教学主要是一个特殊的认知过程，主要目的是学习知识和技能，发展智力。因此，教学主要是理智活动的艺术。其艺术特点是教学逻辑严密，想象丰富，联想广阔，每一教学环节都丝丝入扣，重视教学的技能练习和能力训练。这种风格既表现在文科教学艺术中，也表现在理科教学艺术中。以著名的语文教师钱梦龙为例，他的特色是"精讲多练"，以练为教学的主线。

2. 教学设计中艺术风格的形成

教师从开始教学，到逐渐成熟，最后形成独特的教学艺术风格，是一个艰苦而长期的教学艺术实践过程。这个发展过程又可分为4个阶段，具体内容如下。

（1）模仿性教学阶段。教师在开始教学时，总是模仿别人的教学方式方法、别人的教学语言和教学风度，经常搬用别人成功的教学经验，甚至举例、手势、语调等也打上别人教学影响的烙印。这一阶段的突出特点，是模仿成分太多，创造性成分几乎没有。在教学之初的积极模仿是必要的，但不能停留在这个阶段水平上，一个教师对独立进行教学的要求与对别人教学的消极模仿之间的相互斗争，促使教学向下一个阶段过渡。

（2）独立性教学阶段。教师基本上摆脱了模仿的限制，能够独立地完成教学工作的各个环节，如备课、上课、布置与批改作业、课外辅导、学业成绩的考核与评定等。教师可以将别人成功的经验通过吸收消化，变成自己的东西。这个教学阶段是从模仿性教学到创造性教学的过渡阶段，但是它在每个教师那里存在的时间却是不同的。有的教师很短时间就由此进入创造性教学阶段。有的教师却在独立教学这段整个教学发展的高原期上停滞不前。这个阶段，包含着创造性教学的萌芽，当条件一旦成熟，创造性的花朵便会争相怒放。

（3）创造性教学阶段。在独立性教学的基础上，教师的创造性在教学中不断表现出来，突出表现在教学方法的改革、教学效果的优化、教学效率的提高上，创造性的教学是培养创造型人才所必需的。这一阶段，教师会更多地体验到创造的幸福和欢乐。但是，苦闷、痛苦也会常常成为这一阶段教师的不速之客。在这一阶段中，教师成为教学艺术的自觉追求者，不断地突破别人，也在不断地突破自己。当独创性成为教学过程中呈稳定状态的标志时，这个教师便形成了自己独特的教学艺术风格，他的教学也便进入一个新的阶段。

（4）有风格教学阶段。教学艺术风格在教学过程的各个环节、各个方面都有独特的稳定的表现，使教学带上浓厚的个性色彩，处处闪烁着创造的火花。教学内容和形式独特而

完善地结合起来，教学成为真正塑造人们灵魂的艺术。至此，教师的教学艺术臻于成熟，教师也就真正无愧于"人类灵魂的工程师"这样光荣的称号。

总而言之，每个教学的发展阶段都各有自己的特点，每个发展阶段的顺序不能颠倒，并且从一个阶段到下一阶段，都需有必要的主客观条件。在这种顺序发展过程中，教学的模仿性因素越来越少，而独创性因素越来越多。由独创性因素的一定量的积累，才可能引起质变，从一个阶段发展到另一个阶段，最后形成自己的教学艺术风格。

第二节 教育信息化的理论与特征

一、教育信息化的理论

（一）教育信息化的教学理论

"在信息技术时代，现代学校教育环境得到全面优化"[①]，教学理论主要关心的问题是怎样教，这也是教学理论的核心问题。但教无定法，每个教师不能期待教学理论对他的教学起到万能的作用，教学理论唯一能提供给每个教师的就是教学的理念和框架。教师对学生的正确学习结果必须给予及时的强化，这样可以鼓励学生继续学习。而在课堂教学中，教师不可能对每个学生进行及时强化。但教学机器可以为这种个别学习强化提供可能。需要特别指出的是，程序教学是由强化学习理论引申出来的教学思想，机器教学只是程序教学思想的一个经典应用而已，程序教学中的机器教学是计算机辅助教学应用的前身，深刻地影响了计算机辅助教学的产生和发展。程序教学开创了基于技术的个别化学习的局面，为当今信息技术条件下的课程教学提供了可以借鉴和研究的实例。

学生的心智发展虽然受环境的影响，但主要是遵循其特有的认知结构。教学就是帮助学生认知的成长，教师的任务是要把知识转换为适应正在发展着的学生的某种心智形式。教师在教学过程中要创造条件，采取有效措施，使学生在学习过程中进行自主的、积极的、真正有意义的思考，从而使学生的自主发现能力、独立解决问题的能力乃至发明创造的能力得以提高或发展。

---

①李燕. 现代教育信息技术与体育教学的融合——评《体育教学的信息化教学理论与实践研究》[J]. 中国科技论文，2019，14（10）：15.

学生的有意义学习是有条件的，具体包括：第一，学生表现出一种有意义学习的倾向，即表现出一种在新的学习内容与学生已有的知识结构之间建立联系的心理倾向；第二，学习的内容对学生具有潜在的意义，即能够与学生已有的知识结构发生实质性的联系。因此，学生的有意义学习也是一个主动的过程，这可以促使教师在教学中进行少而精的讲授，这些都有利于学生掌握丰富完整的知识体系。

（二）教育信息化的传播理论

传播理论是现代信息技术教育的一个重要理论基础，其中的教育传播对现代信息技术教育的发展更是有着重要的指导意义。教育传播是由教育者依据一定的目的要求对合适的信息内容进行选择，然后通过有效的媒体通道将其向特定的教育对象进行传送的活动。教育传播要获得好的效果，就必须遵循一些原理，具体包含以下方面。

1. 信息来源原理

在教育传播中，作为教育信息重要来源的教师，要切实树立起自己的良好形象，以便被学生所认可和接受，同时，要尽可能地保证教学中所用的相关资料都有正确、真实、可靠的来源。

2. 重复作用原理

通常情况下，人们很难一次就记住所有需要记住的东西，而是需要不断对其进行重复。重复作用是在不同的场合或用不同的方式对同一个概念进行重复呈现。

3. 抽象层次原理

符号具有越高的抽象层次，越能简明地对更多的具体意义进行表达，但对其理解时也很容易产生误会。因此，在教育传播中，要保证各种信息符号的抽象程度在学生能够明白的范围之内。教育传播并不是静态的，而是动态的，且是一个连续的过程。完整的教育传播过程如下。

（1）确定信息。确定信息是教育传播的过程的第一步，一般而言，教育传播的信息，需要依据教学的目的以及课程的培养目标来进行制定。

（2）选择媒体。选择媒体也就是信息编码的活动，教师在选择媒体时，要注意选择的媒体容易得到，且能够将信息的内容准确地呈现出来，并且与学生的经验和知识水平相符合。

（3）通道传送。通道传送也就是运用媒体传达信息，在运用媒体传达信息时需要注意：①对信号的传递要求进行充分考虑，以确保信号的传递有较高的质量；②提前对信息传递的结构进行设计，以尽量减少可能的干扰。

（4）接收与解释。接收与解释也就是信息译码的活动，将收到的信号依据自身的经验和知识将其解释为信息意义并储存在大脑中。

（5）评价与反馈。评价有利于衡量是否达到了预定的教学目的，一般而言，评价有多种方式和方法，既可以通过课堂提问、课后书面作业进行评价，也可以通过观察学生的行为变化进行评价。在评价之后，需要对这一传播过程进行一定的反馈。

（6）调整再传送。通过上一阶段的评价反馈，可以发现教育传播过程中的不足，采取一定的措施进行调整，并进行再次传送。

总而言之，在计算机和信息技术快速发展的现代社会，教育传播理论的产生与发展促进了以计算机网络等为载体的远程教育的发展。在当前，远程教育的发展速度不断加快、规模不断扩大，并日益成为学校进行教学以及人们进行学习的重要方式。

二、教育信息化的特征

教育信息化是现代教育理论与教育技术作用下的教育现代化过程，教育信息化的特征具体如下。

第一，教育信息处理数字化。在现代信息技术的支持下，教育信息处理系统的设备简单、性能可靠，而且标准统一。信息化处理信息只用 1 和 0 两个代码，因此教育信息技术系统的集成度高，而处理的信息保真度高、存储量大、处理速度快等。

第二，教育信息传输立体化。在信息技术的软硬件支持下，教育活动时空不受或较少受到限制，轻易就能实现人机交互、人机合作。尤其是通过网络，全世界的教育资源可以连成一个信息海洋，网络用户都能使用到这些信息码，实现了教育信息资源的共享。这都归功于立体化的信息传输。

第三，教育信息呈现多媒体化。在多媒体技术的支持下，单一表征信息的媒体可以被整合起来，不但有文字、图片、声音，还有动画、录像、模拟等景象，使得教学内容更加生动化、形象化，更加吸引学生，调动学生的学习积极性。

第四，教育信息系统智能化。在多媒体计算机技术中，融入了现代人工智能技术，同时又结合教学理论、学习理论、传播理论、认知心理学，由此创立了智能化的教育信息系统。通过这个系统，教学行为更加人性化，人与设备仪器之间的通信更加自然化，各种繁杂的教学任务代理化。

第五，教育信息传播过程中学生的地位主体化。在传统教育中，教师在教学过程中处于主导地位，学生只能被动地学习，师生、生生之间缺少互动。现代社会，以学生为主体的教育思想日渐深入人心，而利用信息技术支持自主学习成为必然的发展趋向。教育信息系统的智能化、信息呈现多媒体化和信息可扩充化等，使学生不再被动地学习，而通过类似超文本/超媒体之类的电子教材和其他手段、工具就可以积极主动地建构知识，还可以与同伴或教师开展协商学习。

第三节　信息化教学资源的整合建设

一、信息化教学资源及其运用

随着信息技术飞速发展，以教育信息化为引领的教育改革势在必行，大力推进信息化教学资源的开发、共享和应用是教育信息化的重要内容。教学资源通常又称为学习资源，它是指一切可以用来促进学生学习、支持"学"与"教"全过程的各种支持系统、学习材料和环境条件的总称。在教育技术领域，在广义上，教学资源则包括了人力资源、物质资源和信息资源等诸多方面，它是指能够促进有效学习的所有可资之源；在狭义上，人们通常把教学资源理解为应用于教学过程的各种媒体设备和教学材料，如各类教学软件和教学传播系统等。

（一）信息化教学资源的认知

1. 信息化教学资源的获取与加工

信息化教学资源主要包括文本、图形/图像、音频、视频、动画等多种类型。信息化教学中的数字化资源要根据教育教学活动内容来选用。不管是何种类型的信息化教学资源，必然以某种特定的文件格式存储在计算机内，这里的"格式"既表示文件的类型，也告知需用何种计算机程序来处理或使用。文件格式通常是由两部分组成，即"文件名+扩展名"，文件名表示文件的名称，扩展名表示文件的格式。不同类型的信息化教学资源用不同的文件格式来存储和表征，即使是同一种信息化教学资源也可以用不同的文件格式来存储和表征。同一类型、内容但不同格式的信息化教学资源，在计算机中存储空间越大，其质量就越好，但也会直接导致占用更大的存储空间、影响传输速度。所以选用信息化教学资源时，一定要选择质量、格式适中的文件。

（1）信息化教学资源的获取。随着教育信息化发展的迅速推进，信息化教学资源也是日新月异和大量储存，如何熟练掌握信息化教学资源的获取方式和技巧，如何快速、有效地获取优质的信息化教学资源，是教师必备的专业技能。

第一，信息化教学资源常见获取。①文本：键盘录入，扫描印刷品，语音录入等。②图形：专用软件支持下的电脑绘制。③图像：专用软件支持下的电脑创作，拍摄，扫描，电脑截屏等。④音频：专用软件支持下的电脑创作，录制，光盘、录音获取。⑤视频：拍摄，屏幕录制，PowerPoint 等专用软件生成，录像带/摄像机截取。⑥动画：专用软件支持下的电脑创作。⑦虚拟现实（VR）：专用软件支持下的电脑创作。

第二，信息化教学资源网络获取。①搜索引擎查找，如百度、新浪等；②数据库查询，如中国期刊网、中国知网、万方数据库等；③专业软件搜索，如光速搜索、超凡搜索、百度搜索；④直接浏览网页。

（2）信息化教学资源的加工。信息化教学资源加工主要有以下常用方法。

第一，文本加工。①常用文本：字体、字号、段落、艺术字、页面、页码、表格等加工。②幻灯片文本：遵循 5/10/20/30/40 法则。③特效文本：彩字秀等专用软件。

第二，图像加工。图像加工（我要自学网），具体如下。

一是 Photoshop 功能、菜单、工具及图像尺寸等基础知识。

二是 Photoshop 中常用处理方式。①调整图像尺寸：点击"图像"菜单→点击"图像大小"子菜单→进行相应设置→点击"确定"。②变图像色调：点击"图像"菜单→点击"调整"子菜单→点击"色相/饱和度"子菜单→进行相应调整→点击"确定"。③调整亮度、对比度：点击"图像"菜单→点击"调整"子菜单→点击"亮度/对比度"子菜单→进行相应设置→点击"确定"。④裁切部分图像：选择"选取"工具拖选"区域"→点击"图像"菜单→点击"裁切"子菜单。⑤添加文字：选择文字"T"工具→点击"画布"→输入文字→设置"字体、字号、颜色及艺术效果"→点击"确定"。⑥图形绘制：选取"矩形工具"→拖绘图形→图形边框、填充处理。⑦合成图像：拖放拼图→设置"羽化、蒙版、滤镜效果"→另存为。

三是美图秀秀：拼接图片、去除水印等功能。

四是电脑屏幕截图：截取图片（启动屏幕→点击 PrintScreen 键）→启动软件（开始→程序→画图或 Photoshop）→粘贴图片（按 Ctrl+V 键）→处理图片→保存图片。

五是专题网站：我图网、昵图网等。

第三，音频、视频加工。

一是利用操作系统自带录音软件：连接录音设置（话筒）→启动电脑→点击"开始"按钮→单击"程序"选项→单击"附件"选项→单击"娱乐"选项→"录音机"选项。

二是利用会声会影等专用软件。会声会影常用处理方式：整体剪裁、部分删除、多段合并、添加字幕、转场特效处理、摄录（外部设备录制、屏幕录制）。

2. 信息化教学资源的课件开发

（1）信息化教学课件的功能和特征。信息化教学课件是一类用于辅助教学的文件，是一种程序化的教材，它充分利用信息化媒体、资源及技术手段展现教学内容，使课堂教学更加形象、直观和生动，有利于实现个性化、多层次、创造性的学习目标。

第一，信息化教学课件的功能。信息化教学课件的功能，简单而言就是有效教学。从课堂教学来看，既可代替教师实施课堂教学，也可辅助师生实现个性化教学和自主学习；从教学内容及教学目标来看，它既可用于知识的传授，又可用于技能训练，还可实现学业水平测试等；从课件规模来看，既可用于某一知识点的教学，又可用于某一课题、主题，抑或是某一课程的教学。

第二，信息化教学课件的特征。

一是与教学内容有关。教育中的不同教学领域，创作出来的课件可能不同。例如科学课件注重原理、过程、现象的模拟或再现，而语言课件则注重情景、情节、情感的描述或表现。

二是与教学对象关联。教学对象的认知基础和认知水平也会影响对课件的设计。给学生的课件必须生动形象、动静结合、色彩艳丽，以吸引学生的注意。

三是与教学目标、教学策略紧密联系。同样的教学对象，同样的领域，活动目标不同，创作出的课件也可能不同。

四是与创作者的教学思想、教学方法密切相关。同一个教学目标，教师不同，教学方法就可能不同，不同的方法又必然在所创作的信息化教学课件中有所反映。

五是与创作工具、手段密不可分。目前，课件创作工具很多，不同的工具创作出的效果差异较大。

（2）信息化教学课件的开发流程。课件的开发涉及多种学科的知识和技能，一般由课程专家、教学设计人员、心理学家、有经验的学科教师、教研人员、美术人员、软件设计人员，有时还需要音乐工作者、摄录像人员等共同组成开发小组。课件的制作一般要经过以下程序：选定课题、分析教学内容、分析学习对象、确定教学目标、选择教学方法、规划课件结构、编写制作稿本、进行课件制作与运行测试、教学应用实践、再次修改调试和正式交付使用。当然，日常课件制作并没有如此烦琐的操作步骤，否则教师大量时间将被消耗在制作课件上，难以常态化地实施信息化教学。

另外，由于课件的运行环境、开发工具、教学目标、教学策略以及使用对象的不同，往往采用不同的结构形式或者综合应用各种结构形式。目前，在教学活动中比较常见的结构有以下三种。

第一，线性式结构。线性式结构通常会按照线性的顺序"播放"整个课件，这是常用的一种结构。

第二，网状式结构。网状式结构课件虽然按照分类来组织，但有时也会在部分节点上、分支间进行跳转，以达成教学活动中的相对灵活性。

第三，交互式结构。交互式结构适合需要详细解释和大量练习的主题，它企图像导师一样通过序列化信息、测试、反馈与学生进行交互。在这种学习环境中，学生的学习受系统的控制，有清楚的学习目标，一般较少使用外部资源。

3. 信息化教学资源库的建设

我国最初的教学资源库是将多媒体课件中包含的内容进行简单的资源组合，由于未按严格的标准对资源库中的资源进行筛选和控制，使得资源库中的资源质量低，未能达到预期的使用效果。近年来，我国将计算机智能、数据挖掘等信息技术手段融入资源库的开发中，创建出具有知识管理功能的教学资源库。目前，教学资源库开发的重点从最初的内容开发转移到了资源平台开发，以资源管理平台和资源应用平台两方面内容为主。在技术标准上也开始逐步与国家资源建设标准接轨，采用与国家资源技术标准统一的数据结构，同时也使用一些先进的开发技术，增强了新产品的兼容性和先进性。

信息化教学资源库的建设有四个层次的含义：第一层是素材类教学资源建设，主要包括媒体素材、试题、试卷、文献资料、课件与网络课件、案例、常见问题解答和资源目录索引等；第二层是网络课程建设；第三层是资源建设的评价；第四层是教育资源管理系统的开发。在这四个层次中，素材类教学资源建设网络课程建设是基础和核心，第三层是对教学资源的评价和筛选，第四层是工具的建设。

（1）信息化教学资源库建设的意义。信息化教学资源库建设是一项功在当代、利在千秋的好事。正确认识信息化教学资源库建设的意义，将有助于信息化教学资源库的开发建设。信息化教学资源库建设的意义体现在以下方面。

第一，信息化教学资源库是建设教育信息化的重要组成部分。教育信息化是指在教育过程中，较全面地应用以计算机多媒体和网络通信为基础的现代化信息技术，促进教育的全面改革，使之适应正在到来的信息化社会对教育发展的新要求。教育信息化建设，是一个关系到整个教育改革和教育现代化的系统工程，它包括信息化的基础设施及硬件环境建设，教育、教学资源库建设，信息化人才培养和培训以及信息化政策、法规和标准制定。其中，教学资源库建设是教育信息化的基础，教学资源库的建设质量在很大程度上决定了信息技术与各学科教学相整合的水平，即教育信息化的水平。

第二，信息化教学资源库建设促进了教育观念的更新。信息化教学资源库建设能为学生提供网状的信息环境和丰富生动的多媒体世界，突破了学生传统思维的线性逻辑，促进了非线性思维观的形成。信息化教学资源的网络化提供了多样化学习和跨学科、跨文化的交流，促进了开放式学习观的最终形成。丰富的教学资源使学生接受知识的范围拓宽，改变了人们接受教育的形式，促进了自我教育观的形成。信息化教学资源网络可以成为人们终身学习的课堂，使传统教育面临严峻的挑战，促进了终身教育观。

第三，信息化教学资源库建设促进了教学模式的重塑。教学模式是指在一定的教育思想和理论的指导下，在某种环境中展开的教学活动进程的稳定结构形式。信息化教学资源库的发展使适用于网络环境的教学模式不断应用于教与学，如网络化协作学习模式、探索式学习模式等；而且应用信息化教学资源重新设计教学过程，为真正实现"教为主导，学为主体"的教学过程创造了客观条件。

（2）信息化教学资源库建设的原则。教学资源库建设必须符合基础教育改革与发展的总体规划，必须服务于素质教育的整体目标，必须全面支持信息技术与课程整合。为实现这样的目标，教学资源库的建设必须至少要对资源库建设的目的性、科学性、先进性和知识服务的完备性等进行深入考虑。

第一，经济性原则。教学资源库的建设是一项非常耗时耗力的工作，需要投入大量的人力、物力和财力，它既有前期的整理、开发等工作，还有后期的维护、更新和管理等工作。教学资源库在开发时就要经过精心的需求调查、设计，优化开发设计人员结构、资源组织管理结构等，尽量以最少的投入开发出高质量、高性能的教学资源。

第二，教学性原则。教学资源库的建设是为教师的"教"与学生的"学"服务的，因此资源库建设先应考虑的就是其目的性问题，即资源库建设的教学性问题。教学资源库建设的根本目标是推进教育改革，使教育符合现代社会发展的需求，提高教育教学质量。为此，在建设资源库时，要根据教学设计对各种资源进行选择、处理，强调"质"，使资源有用、适用，还要精简。同时，必须支持创造性教学和探究性学习，建构生动科学、多向互动的教与学环境，把教师从繁重的重复性劳动中解放出来，充分激发教师和学生两个主体的创造性。

第三，科学性原则。资源库建设必须具有科学性。无论是引导学生学习自然科学还是引导其学习人文科学，或者引导其掌握如何学习的科学性，培养其自主探究和创新的能力，都离不开"科学"两个字。教学资源库的建设，要在允许误差的范围内准确地表述所学知识的内容，这是教学资源与一般娱乐性、游戏性资源的重要区别。资源库建设应能正确反映科学知识原理和现代科学技术，并做到生动活泼、喜闻乐见的形式与科学、健康内容的统一。

第四，先进性原则。先进性原则主要是教育理念上的先进性。因为除了知识的科学性之外，教学逻辑模型是否符合教学规律、是否符合学生的认识规律，也有科学性的问题。当前的一些资源库还在重复以往教学中存在的落后理念。例如，不能体现教师为主导、学生为主体的双主模式，不能培养学生自己通过观察来获得信息和通过自己思考来加工信息、建立概念和发现规律的能力。此外，优秀的资源库可以发挥计算机的信息处理与图像输出功能，以生动的动态形象信息来揭示复杂的过程，这就在感觉与思维之间架起了桥梁，激发学生的学习兴趣，提高学习的主动性、积极性。用科学动态模拟技术和智能化技术，才能使资源库保证满足科学性和教育理念的先进性，也才能保证资源库的标准化。

第五，知识服务完备性原则。资源库建设要提供全面的知识服务。优秀的资源库不但要向教师提供一般的"信息服务"，而且还要向教师和学生提供更高层次的"信息服务"，也就是"知识服务"。资源库不仅能给教师提供"收集"到的信息，或者将收集到的信息进行简单的"组合"，而且应该是根据学科教育目标，按照教学设计、教育改革需求对信息进行"整合"。

（3）信息化教学资源库建设的注意事项。为了确保信息化教学资源库的顺利建成并保障其应用，在资源建设的过程中应注意以下方面。

第一，明确指导思想。信息化教学资源库是本着为教学服务的思想开发建设的，而教学中对教学资源的使用效果主要体现在学生身上，这就要求我们在教学资源库建设时以认知学习理论为指导，特别是建构主义理论认为，学习是在教师的指导下，在特定的情境中通过学生与教师之间的主动协作交流进行知识意义的构建过程，它既强调了学生的学习主体作用，又重视了教师的指导主体作用。以建构主义理论为指导思想，既可以在教学中体现师生的双主体双边活动，有利于学生学习效果的提高，同时又有利于学生课后进行自学或协作式学习。

第二，完善开发理念。倡导"利用现有、校本研发、企业合作、个人参与"的开发理念。教学资源库的建设是一个动态的不断完善的过程，不可能一蹴而就。因此，各级各类学校在进行教学资源库建设时，需要注重：①积极利用已有的教学资源。随着教育技术的发展，目前已有大批丰富的音频、视频、图像等教学资源，我们要充分利用这些已有的资源，来开发新的教学资源。②联合企业进行研发。随着知识经济时代的来临，许多高科技企业已经加入信息化资源库的开发和建设中。他们拥有雄厚的资金，同时还拥有大量的高水平科技人才，借助他们的优势，可以开发出高质量、高水平的信息化教学资源，满足日益增长的信息社会的学习需求。③积极进行校本资源研发。对于校本资源的研发而言，既可以通过组织专门的开发团队进行研发，也可以采取申报国家、省市教育部门资助的课题来进行有组织有系统的开发，充分发挥各自的领域优势，进行科学、合理的开发和建设。④鼓励教师按知识点开发。信息化教育的一个显著特点，就是最大限度地调动每个学生的潜能。由于学生认知能力的差别，再好的课件也难以满足每个学生的需求，因此有条件的学校应鼓励广大教师利用信息化工具，按学生的知识点开发教学资源，以使每个学生都成为学习的成功者。

第三，规范资源管理。使用一些通用的标准对教学资源进行规范管理。教学资源库的建设应在合理的规划下进行，并遵循一定的建设规范。各级各类学校在建设本校教学资源库时，既可以遵照国家制定的教学资源库规范进行开发建设，也可以在此基础上制定符合本校的教学资源库规范，突显本校的特色、彰显资源的易用性和合理性。

第四，突显教学特性。信息化教学资源库的建设是为教学服务的，因此要突显教学性。

一是注重人的主体性。要想将教学资源合理地应用于课堂，就要充分体现尊重人、以人为本的教育思想，就要充分发挥师生的主体作用、主人翁意识，切实将教学设计和学习理论运用于教学实际，真正做到以不变（教学资源）应万变（教学实际），让计算机成为课堂教学的有力工具，成为教师和学生个性与创造性充分发挥的技术保障。

二是注重资源的通用性和灵活性。教学资源与教材版本无关，它是以知识点为分类线索的，这样无论教材课程体系如何变化，教材版本如何变化，教学资源都可被师生应用于当前的教学活动中。

三是注重资源的基本性。教学资源素材越基本，其附加的边界约束条件越少，其重组的可能性就越大。例如，一段下雨的素材（图片、动画、电视），语文教师可用来讲散文、古诗或作文意境，生物教师可用来讲生态，地理教师可插入气候的课程演示中，物理教师可讲水的状态变化和落体运动。如果让学生来发表意见，则可以提出更多的创意。

四是注重资源的开放性和自繁殖性。教学资源是以基元方式入库供教师重组使用的，因而在任何时候、任何地方，任何教师（学生）都可以将最新的信息和自己的作品添加入库，只要确立了教学资源的信息标准和入库规范，教学资源在教学活动中就自然具有开放性和自繁殖性。随着计算机技术的发展和全体师生的参与，教学资源的迅速发展将不可思议。

五是注重资源的实用性和易用性。教学素材和解决重点、难点问题的微课件库与教学思想基本无关，每个教师都可以使用。一般情况下，教师只需掌握简单的组合平台软件，就能够将教学资源以插件的形式很方便地插入课件当中。未来的组合平台软件会让教师在

使用课件时像搭积木那样方便。

第五，注重知识产权保护。知识产权，指权利人对其所创作的智力劳动成果所享有的占有、使用、处分和收益的权利。各种智力创造如发明、文学和艺术作品，以及在商业中使用的标志、名称、图像、外观设计，都可被认为是某个人或组织所拥有的知识产权。在教学资源库建设中所涉及的各种图像、声音、视频等资源都应有相应的版权保护。开发者要提高自己的知识产权保护意识，注重在资源的开发和使用过程中，保护自己的正当权益，保证所开发的资源得到合理正当的使用。

（二）信息化教学资源的运用

1. 视听媒体教学资源及其运用

人们通过自己的感官来感知周围客观世界的存在和获取关于世界的各种信息。从教学资源的信息表现形式来看，视听媒体教学资源包括视觉媒体资源、听觉媒体资源和视听媒体资源。

（1）视觉媒体资源及其应用。载有各种教学信息的所有视觉材料都属于视觉媒体教学资源，如印刷材料、直观教具、投影材料等。

第一，印刷材料。印刷材料主要包括教科书、参考书、图示材料和其他文字教材（如讲义）等。教科书通常称为课本，它是根据教学大纲的要求系统地表达课程内容的教学用书，是学生获取系统知识的重要来源，同时也是教师传道授业的基本依据，是保障教学任务顺利完成的基本教学资源。图示材料包括图画、照片、图表和挂图等视觉材料，它们无须放映设备就可以直接供教学使用。各类图示材料通过对相关内容的形象示意，为教学提供较为生动的学习信息，不仅有助于解释说明教学内容或知识关系等，同时也有益于提高学生的学习效果，并能够提高和维持学生的学习兴趣和注意力。教科书、图示材料等各类印刷材料以凝固的信息符号呈示教学内容，它具有方便易得、使用方式灵活等优点，但却需要较强的理解能力和阅读能力。此类资源和学生之间缺乏互动作用，因此，教学中通常需要教师进行讲解分析，并通过师生互动才能发挥出最大的使用效益。

第二，直观教具。常用的直观教具主要包括板书和实物演示、标本、模型等。板书是书写板呈现教学信息的主要形式。在现代教育技术迅速发展的今天，板书依然是班级课堂教学呈现教学信息的常用方式。板书通过视觉器官传递教学信息，它以文字形式概括性地呈现知识内容，比语言讲授更具有直观性和条理性。文字板书与诉诸听觉的语言符号相辅相成，以简练、清晰的视觉符号来弥补语言讲授稍纵即逝的缺陷。实物演示、标本、模型等直观教具能够让学生具体感知事物的形态结构或运动状态，有利于学生获得直接的感性体验。一般而言，当学生对教学内容缺乏实际接触或无法直接认识事物特征时，教学中应尽量使用这类媒体资源，并与课堂讲解进行恰当结合，尤其是对于一些自然学科或是对于低年级的学生而言，这类教学资源的使用更为重要。

第三，投影材料。传统投影材料是通过光学投影媒体来呈现知识信息的教学材料，主要包括幻灯片、投影片和实物投影等类型。幻灯片通常是使用摄影胶片制作的单幅或连续的小格透明画面材料，其画幅尺寸通常为 24mm×36mm。投影片是采用各种透明软片制作的光学投影教材，其规格大小不等，常用的有 A4 幅面、250mm×245mm 等，可用来绘制或书写各类文字、图表、图画等教学内容。实物投影是使用实物投影器或视频演示设备等来投影各种不透明材料或实物的教学媒体，如投影各类印刷材料（插图、照片、图表等）、投影实物或模型、投影演示实验及过程等。

投影教学材料主要有基本型、复合型和活动型等。基本型即直接将图文内容书写或印制在投影片上。复合型是将较为复杂的知识内容简化为几个层次，分别绘制在几张投影片上，再复合使用构成完整的投影教学过程。活动型投影片通常由一张定片和数张动片组成，根据产生活动的原理可分为抽拉式、转动式或动感模拟式等类型。投影教材常用的制作方法有书写绘制法、静电复印法和数字打印法等。书写绘制法是在透明投影片基上直接书写或绘制教学所需的各类图文内容；静电复印法是将书刊中需要展示的图文内容用静电复印机直接复印到透明片上；数字打印法是先使用计算机设计、加工和处理教学所需的图文内容，再通过打印设备将其直接打印在投影胶片上。

投影教学材料具有形象直观、易于普及、使用灵活等特点，在很大程度上代替板书或挂图等直观媒体，通过采用图示讲解法、演示实验法、作业练习法等教学方式，有利于在较大范围内更清晰地观察使用，或是通过投影演示营造出教学的情境氛围来传递各类教学信息，揭示事物特征或运动规律等，从而有效地提高教学效果。

随着信息化教育的不断发展，多媒体投影机已经成为目前课堂教学中常见的设备，多媒体投影材料也由透明胶片发展为数字化的文本、图形、图像、动画等形式。多媒体投影机是一种集视频信号与计算机信息相互转换于一体的大屏幕投影系统设备，它既可以同步显示高分辨率计算机、工作站的图像，也可以显示来自实物展台的视频信号，为学生提供清晰、逼真、直观的影像。

（2）听觉媒体资源及其应用。听觉媒体教学资源是指为了教学目的而专门录制和传播的各种声音教学信息。借助听觉来传递和交流信息一直是人际传播的重要方式，它也是除视觉之外人们认识客观事物的重要途径。

听觉媒体教学资源包括各类教学广播、教学唱片和语言实验室教学系统等。广播和录音

易制易得、传播简单、使用方便，其应用最为普遍。广播教学通常是指无线广播，如校园外语广播、教育广播节目等，它不仅有利于提高语言教学的效果和质量，还有利于以经济化的手段来实现教育的规模化。录音媒体具有声音记录、存储、复制和再现的多种功能，它在与声音有关的教学或语言技能训练中具有文字载体等教学资源无法替代的特殊作用。在语言实验室中使用各种声音信息资源开展教学活动，有利于提高听觉教学资源的使用效果。

听觉媒体资源的使用方式主要有示范教学、听力教学、语言训练、情境展示等形式，它具有直观性、可控性、经济性和广泛性等基本特点。广播教学可以扩大教学规模，实现经济效益，具有时效性和即时性的特点，学生学习的选择性较差。

（3）视听媒体资源及其应用。视听媒体教学资源是指根据教学需要，运用影视、录像等媒体技术和艺术语言，通过画面和声音的有机结合，以动态的方式来综合呈现教学过程和知识信息的各种视听教学材料，如各类教育电视节目、系统化的专业电视教程等视听教学材料。

另外，视听媒体资源通过多媒体计算机和信息高速公路的传播，可以更好地开展丰富生动的个别化教学。不同学科、课程以及不同的教学形式可以设计成不同类型的视听教材，如班级教学过程的课堂实录型、讲解某一专题知识的解说分析型、动作技能或实验过程的示范演示型、以戏剧化情境方式传递教学信息的情境表演型、供课堂插播教学使用的资料汇编型，以及基于视听资料编辑制作的多媒体软件等。

运用视听媒体资源开展教学活动，教学方式灵活多样。例如：课堂插播教学是在课堂教学过程中根据需要随时插播段落性的视听音像资料；远距离教学则主要播放系统化或系列化的各类专业课程；微格教学中常常利用示范教材观摩学习，并通过录像手段反馈训练；等等。此外，利用各种视听媒体资源也有利于学生开展自主性的个别化学习，或者通过校园电视网络开展第二课堂活动，加强对学生的综合素质教育等。

2. 网络教学资源及其运用

互联网正逐渐成为人们日常生活中最主要的信息来源。作为一个全球性的资源宝库，互联网能为用户提供丰富的信息资源和网上服务，如网络信息检索、E-mail邮件收发等。

（1）网络交流工具及其应用。基于网络支持的各种通信与交流工具也是一种重要的教育资源。网络信息的交流方式很多，根据交互与反馈的时间延迟不同可以分为同步交流工具和异步交流工具，具体如下。

第一，同步交流工具。

一是腾讯 QQ。这是腾讯公司开发的一款基于互联网的即时通信软件。目前，腾讯 QQ 已经覆盖了 Microsoft Windows、OSX、Android、iOS、Windows Phone 等多种主流平台。其标志是一只戴着红色围巾的小企鹅。腾讯支持在线聊天、视频通话、点对点断点续传文件、共享文件、网络硬盘、自定义面板、邮箱等多种功能，并可与多种通信终端相连。

二是微信。微信支持跨通信运营商、跨操作系统平台通过网络快速发送免费（需消耗少量网络流量）的语音短信、视频、图片和文字，同时也可以使用通过共享流媒体内容的资料和基于位置的社交插件"摇一摇""漂流瓶""朋友圈""公众平台""语音记事本"等。

第二，异步交流工具。

一是电子邮件（E-mail）和邮件列表（Mailing List）。E-mail 主要用于计算机用户之间交换电子信件，是网络提供的一种简便、快捷、经济、实用、信息量大的异步电子通信手段。E-mail 的正文通常是文本形式，但通过邮件的附件可以携带一些其他格式的文档，如 Word 文档、各种图片文档，甚至还可以传送语音邮件和视频邮件等。通过 E-mail 可以进行师生之间的学习交流，但是当学生数量和问题激增时，指导教师几乎不可能对每个学生的问题进行回复。

Mailing List 是互联网的一种重要工具，主要用于群体之间的信息交流和发布。邮件列表使用简单方便，传播范围广，可以向互联网上数十万个用户迅速传递消息，方式可以是主持人发言、自由讨论和授权发言人发言等。邮件列表是一种适合一对多方发布电子邮件的有效工具。发件人只需把所有收件人的邮件地址一次性输入邮件列表的地址栏中，以后发送邮件时，所有收件人都可以收到该信件，从而免除了发件人的重复劳动。

二是 BBS 电子公告板。BBS（Bulletin Board System）电子公告板是网上信息交流的常用工具，它通常通过 Telnet 方式登录进行在线讨论。为了满足 Web 用户的需求，基于 Web 的各种功能讨论区也逐渐发展起来，网络用户在 BBS 上可以通过张贴文章或开展实时讨论等进行直接的信息交流，BBS 正在以其信息传递快捷、用户广泛参与、言论自由平等、交流方便等特点，发展成极富吸引力的网络学习社区。

基于 BBS 的网络论坛是网络远程学习的重要工具，通过 BBS 自由讨论，能够为学生提供一个学习交流的园地，还可以作为师生间学习信息反馈的重要途径。教师可以选择典型问题予以解惑，学生之间也可以相互交流，实现网络协同式建构学习。一般而言，BBS 上的各种资料都是按照主题设定分类讨论区，这样信息交流、咨询或查找起来比较方便。

三是微博。微博，即微型博客，也称迷你博客，是一种通过关注机制分享简短实时信息的广播式的社交网络平台。微博是一个基于用户关系分享、传播以及获取信息的平台。用户可以通过 Web 等各种客户端组建个人社区，以少量的文字更新信息，并实现即时分享。微博的关注机制分为可单向、可双向两种。

（2）综合性教学资源及其应用。

第一，学习资源中心。所谓学习资源中心，并不单指某些教学媒体和设备，它是各种教学媒体和学习资料的集合，是为了存放和使用各种硬件和软件等学习资源而建立的教学场所，是一种全新的教学支持系统。在以图书等印刷材料为主导的时代，图书馆就是传统学校中信息存储、使用和交流的资源中心。随着现代教育技术的蓬勃发展，各类视听媒体、计算机媒体和网络技术等在学校教育中普及应用，学习资源中心将汇集各个领域的主要的网上学习资源，以节省用户的时间，帮助用户迅速找到自己需要的资源。

学习资源中心的主要功能是对各类教学媒体和学习资源进行储存、管理、利用、开发和交流等，其中，有效利用是资源中心的目标，储存和管理是促进利用的基础，交流和开发是为了更好地丰富各类资源。学习资源中心的信息资源主要来自市场采购、网络传播、自行开发、合作交流等方面，它通常采用集中式或开放式管理形式。集中式管理是将资源中心按照功能划分为库存区、服务区和利用区等，它将大部分图书资料、媒体设备及各类信息和软件资源等统一集中于库存区管理，学生使用某种资源时可以先在相应的服务区办理管理手续，然后就可以检索所需的信息资源或是在相应的利用区终端设备上进行学习。开放式管理是指学生可以自由选择各种图书资料、硬件媒体和软件资源等在资源中心内使用，需要时也可以通过办理管理手续进行外借使用，这种方式虽然增加了资源管理的难度，但却方便学生使用，有利于提高学习资源的利用效率和效益。

第二，电子阅览室。电子阅览室是指通过多媒体计算机、通信技术、网络技术等为学生提供综合利用各类电子学习资源的教学场所，它既可以单独建设，也可以与图书馆结合在一起，成为信息化学习资源中心的构成部分。电子阅览室的信息数据库通常采用多媒体技术进行构建，可以将图、文、声、像等信息符号融为一体，从而使它具备综合视听和"人机"交互功能。电子阅览室是集各类电子信息资源的检索、阅览和使用等服务功能于一体的现代化综合型教学资源，在通信和信息技术支持下，它也可以扩展成为远程教学和信息检索的网络化学习环境。电子阅览室的信息服务内容通常包括公共阅览、电子化学习、信息查询、数据下载、通信交流和远程教学等。

根据电子阅览室媒体装备的技术层次不同，它一般可以分为单机环境、无盘站环境和网络环境等。使用单机型和无盘工作站方式的电子阅览室，用户无法共享互联网信息或是各种网络版的电子读物。如果在图书馆和校园网络的基础上，将几台或几十台多媒体计算机连接起来，就可以构成网络环境下功能比较齐备的电子阅览室。用户在其中既可以共享图书馆和光盘塔的文献数据，又可以通过互联网进行浏览访问或信息交流，同时还可以阅读使用各种单机版本的电子读物等。

二、信息化教学资源的有效整合

在现代教育体系中如何充分利用数字信息教学资源，对于学校教学而言，具有十分重要的意义。对此，需要教师和管理者进一步创新思维，开拓创新模式，实现校园信息化教学资源的有效整合。

（一）信息化教学资源整合的意义

在现代教育体系当中，如何提升数字化教学资源的利用效率，帮助学生深入教育体系，提升知识理解能力，是学校教师应当重点关注的问题。整合学校信息化教学资源，可以帮助学生系统把握知识，提升知识的理解能力。由于学校教学具有一定的复杂性和抽象性，信息化教学资源较为分散，但是通过构建教学资源库等整合方式，可以培养学生的系统性思维，强化提升学生的总体学习能力。

从本质上而言，信息化教学更是一种教学方法，是一种有效的教学模式，经过现代课程改革的验证，整合信息化教学资源对于提升学校教学效果具有积极的意义。通过整合教学资源，可以帮助教师和学生系统梳理知识，同时通过多媒体教学，也可以让知识更直观化，进而提升学生的学习兴趣，引导学生参与到教学中来，切实提升学校教学效果。基于此，要想实现学校信息化教学资源的有效整合，就要通过建构教学资源库的方式，从教师和学生两方面着手，共同完成教学任务，提升教学综合水平。

（二）信息化教学资源整合的思路

信息化教学资源整合工作的核心在于高效利用性。学校作为一个教学整体组织，有着高效发展要求，在教学实践中，如何通过整合教学资源提升教学运转的高速性与稳定性，是开展教育整体工作的关键。在教学资源整合实践中，由于工作理念与工作模式落后，与当前教育要求存在不匹配的地方，需要进一步创新教学模式与教学理念，通过优化工作体系，提升信息化教学资源整合效率，满足教育的快节奏发展需求，提升学校发展动能。

开展信息化教学资源整合工作，最为重要的就是要服务教学整体，将教学工作作为核心与抓手，提升信息化教学资源整合工作的规范性和有效性。在教育实践中，所有工作都要以推动教育发展为导向，着力解决存在的现实问题，规范教学秩序，保障教学效率，满足学校教学的多元化要求，提升学校教育总体质量和水平。

（三）信息化教学资源整合的路径

1. 树立新型教学资源的认知理念

随着现代信息技术的发展，传统学校教学模式不断革新，现代教学设备开始融入教学体系中，实现了智能化教学目标，也生成了大量的数字化教学资源。在学校教学改革的背景下，要想实现信息化教学资源整合目标，要求教师在开展实践教学过程中，摒弃传统的"书本式"教学资源观念，创新教学资源认知理念，转变教学方式，树立信息化的教学资源观念，充分利用信息技术，提升教学的多元性和丰富性，为学生提供更优质的教学资源。此外，学校教学也有其自身的特殊性，特别是具有多元化特征，在开展教学过程中也要加以重视，通过不断优化和改进教学资源认知观念，开展多元化教学，有效整合教学资源，实现科学教育目标。

2. 提升信息技术在教学中的比重

实现信息化教学资源整合目标关键在于应用，要创新开展信息技术教学。信息技术教学包括多种形式，核心在于利用现代信息技术，提升教学的丰富性和层次性，实现多元化教学目标。通过利用信息技术教学，可以极大提升课堂教学的直观化程度，将抽象复杂的知识转化为现实的图景，同时也可以积累大量的教学资料，为后续教学夯实基础。

3. 提高信息化教学资源的利用效率

学校教学工作拥有众多分支，工作相对较为繁杂，必须构建高效率的信息化教学模式与体系，满足现代教学发展需求。在实践中，提升信息化教学资源整合效率，既要从制度构建着手，也要从教学微观着手，采取多措并举的方式，不断创新信息化教学思维，鼓励教师和学生积极利用信息化资源开展教育学习，着力提升教学效率，满足现代学校信息化教学需求。作为学校教师，要将信息化教学资源利用效率作为推动教学发展的第一要务，不断适应新的学校教学需求，提升学校综合教育水平。

总而言之，在现代学校工作体系中，信息化教学资源整合工作具有至关重要的意义。通过优化教学资源体系，提升教学效能，可以满足当代学校教育工作目标，实现工作的创新与提升。在信息化教学资源整合工作实践中，要想实现高效工作目标，既要从体制机制着手，构建现代教育格局，也要从教师和学生角度出发，满足越来越复杂的工作要求。下一步需要学校管理人员和教师不断地创新思维、转变方式，适应经济社会发展格局，契合现实学校教育需求，提升信息化教学资源整合工作总体效能。

第四章　现代教育技术与教学的融合

第一节　现代教育技术教学应用理论

一、行为主义学习理论

行为主义学习理论，从 20 世纪初到 20 世纪中期一直占据主导地位，华生、斯金纳和桑代克等是这一学习理论的主要代表人物。一般而言，可以用"刺激—反应—强化"来对行为主义学习理论进行概括，这一学习理论的基本观点是，外部刺激引起的外在反应是产生学习的主要原因，由外部刺激引起的内部心理变化没有受到重视，认为内部心理过程对学习没有影响。

在行为主义学习理论中，学习者就像"黑箱"，学习过程是学习者行为不断变化的过程，这个过程是可以观察到的。按照这个观点，学习者的学习过程就是被动接受各种刺激的过程；教师的主要职责是将知识传授给学生，给学生施加刺激，对学生的各种反应进行观察，强化积极的反应，补救或纠正消极的令人不满意的反应；而作出反应，被动接受教师传授的知识是学生的主要学习任务。行为主义学习理论在实际教育中的应用普遍可见。例如，在课堂教学中，对于认真听讲的学生而言，教师会不吝表扬，这部分学生受到激励后会保持认真听讲的态度与行为；而不认真听讲的学生为了受到表扬，也会转变学习态度，认真听讲。事实上，让上课不认真的学生变得认真是教师表扬上课认真听讲的学生的主要目的。行为主义学习理论的基本观点可以简单归纳为：①学习是刺激与反应的联结。②学习者的学习过程是尝试错误的渐进过程。错误在学习中难免会出现，对此要正确看待。③表扬、批评等强化手段是影响学习的重要因素。

二、程序教学理论

程序教学的概念是在行为主义学习理论中提出的，该理论对关于程序教学的原则进行了相关总结，随着教学原则的不断完善，程序教学理论也逐渐形成。程序教学原则是根据"刺激—反应—强化"的原理总结而成的，具体内容如下。

（一）小步子原则

按照教学内容的内在逻辑，将其划分成多个小单元，再按一定的逻辑顺序排列这些小单元，制作程序化教材。学生遵循循序渐进原则来一步步学习每个单元的知识，先从简单的单元开始，逐步向有难度的单元过渡，程度也越来越深。在今天的教学中，设计教学课件依然需要遵循小步子原则，但不同的是，行为主义学习理论主张，应尽可能细致地划分各个学习单元，即每个单元越小越好，这样容易造成学生厌学，不利于学生对学习内容的整体把握。而现代教学如果要贯彻小步子原则，要求合理划分学习内容单元，单元大小根据教学目标、教学任务及具体教学内容而定。

（二）积极反应原则

传统教学以教师为主导，学生的学习存在很大的被动性，对于教师提出的问题，学生作出反应的机会并不多，这种学习方式是消极的，要改变这一点，就要在课件制作过程中尽可能让每个学生对每个学习单元都作出积极反应，学生作出反应的方式有选择、填空和输入答案等，这是让学生形成并保持积极学习态度的重要手段。

（三）低错误率原则

教师要根据具体教学内容和教学要求由浅入深地排列教学单元，使学生在学习过程中由已知到未知，尽量对每个学习单元都作出正确反应，最大限度地降低学生学习的错误率，使学习效率得到最大化的提高。

（四）自定步调原则

在传统教学中，所有学生以同样的学习进度来学习各单元的内容，因而导致学生发展的自由性受到了较大的限制。程序教学理论提倡围绕学生这个中心展开教学，让学生从自身情况出发对学习进度自由安排，学生按照自己的节奏学习，学习内动力会不断得到强化。

三、认知主义学习理论

认知主义学习理论认为，学习个体本身会对环境产生这样或那样的作用，大脑的活动过程能够向具体的信息加工过程转化。布鲁纳、加涅和奥苏贝尔等是认知主义学习理论的主要代表人物。人要在社会上生存，必然要与周围环境相互交换信息，作为认知主体的人也会与同类发生信息交换的关系。人是信息的寻求者、形成者和传递者，从一定意义上来讲，人的认识过程也就是信息加工的过程。认知主义学习理论的基本观点为：在外界刺激和人内部心理过程的相互作用下，才最终形成了人的认识，而不是只通过外界刺激就能形成人的认识。依据这个理论观点，可以这样解释学习过程，即学习者从自己的兴趣、需要出发，将所学知识与已有经验利用起来，对外界刺激提供的信息进行主动加工的过程。

认知主义学习理论认为，教师不能简单将知识灌输给学生，而要将学生的学习动机激发出来，对学生的学习兴趣进行培养，使得学生能够将已有的认知结构和所要学习的内容联系起来。学生的学习不再是被动消极的，而是主动选择与加工外界刺激提供的信息。认知主义学习理论认为，影响学习者学习的因素中，学习者自身已有的认知结构具有非常重大的影响，在教学中应将教学内容结构直观地展示给学习者，让学习者对各单元教学内容之间的相互关系有深入了解。

四、建构主义学习理论

行为主义学习理论和认知主义学习理论都认为世界是实在的、有结构的，人类可以认知这种结构，对于客观实体及其结构的反映，是人们思维的主要目的。建构主义学习理论认为，个体与外部环境的交互作用使得知识得以产生，人们会从自己的已有经验出发来理解客观事物，每个人对知识都有自己的理解和判断。维果茨基、皮亚杰等是建构主义学习理论的主要代表人物。

行为主义学习理论、认知主义学习理论和建构主义学习理论对知识的观点不同，这是它们之间的本质区别。给学生准确传递知识是教学的主要任务，知识作为具体"实体"，它的存在具有独立性，而不依赖于人脑，人要真正理解知识，首先要将知识完全"迁移"到大脑中，并使其进入自己的内心活动世界。

每个人都可以按照自己的认知与想法来理解客观存在的世界，并赋予其一定的意义。建构现实或解释现实是建立在主观经验基础上的。每个人都用自己的头脑创建了经验，因为各有各的经验，所以基于经验而对客观世界的理解也有一定的差异。建构主义更关注在知识的建构中，如何将原有经验、心理结构有效利用起来。建构主义学习理论认为，学习者是在一定的情境下，通过自己的主观参与，同时借助他人的帮助，通过意义建构的方式而获得知识的，而不是通过教师传授得到知识的。

建构主义学习理论则要求教师在学生主动建构意义、获取知识的过程中起到帮助和促进的作用，而不是简单传授学生知识。因此，在教学过程中，教师先要转变教育思想，改革教学模式。学生是在一定的学习环境下获取知识的，学生在获取知识的过程中既需要主观努力，也需要他人帮助，更离不开相互协作的活动。建构主义学习理论要求有利于学习者获取知识的学习环境应具备情境创设、协作、会话、意义建构等基本属性或要素。下面具体分析这四个基本要素。

第一，情境创设。在学习环境中，必须有对学生意义建构有利的情境。在建构主义学习环境下，教师要基于对教学目标的分析与对学生建构意义的情境创设问题的考虑而设计教学过程，并在教学设计中把握好情境创设这个关键环节。

第二，协作。在学生的整个学习过程中，都离不开协作，如学生搜集与分析学习资料、提出和验证假设、评价学习成果及最终建构意义等，都需要不同形式的协作。

第三，会话。在协作过程中，会话这个环节是不可或缺的。学习小组要完成学习任务，必须先通过会话来商讨学习的策略。学习小组成员之间协作学习的过程也是相互不断会话的过程，在这个过程中，学生的学习资源包括智慧资源都是共享的。

第四，意义建构。学习过程的最终目标就是意义建构。建构的意义指的是事物的本质、原理以及事物与事物之间的内在联系。帮助学生在学习中建构意义，就是帮助学生深刻理解学习内容反映的事物的本质、原理及其与其他事物之间的内在联系。

第二节　现代信息化教育中的多元技术

一、多元互动技术应用于现代教育的意义

教学过程是学生进行知识建构与能力提升的主要途径，教师主导"教"的过程，学生发挥主观能动性完成"学"的目标，师生之间建立了"教"与"学"的双向互动关系，这是一种相对良性的教学结构，适应当下教学趋势，倘若教学的过程只是以教师的单向输出为主，学生以被动姿态参与学习活动，势必会导致教学过程缺乏生机，学生的主观能动性不足，无法很好地实现预期教学目标。因此，实施多元互动教学具有现实意义，具体内容如下。

第一，有助于培养学生的学习兴趣。学生的自主意识较强，他们需要自主学习和表达的空间，通过创设多元互动情境，适应学生的自我表达与自主学习需求，利用灵活、有趣

的互动内容调动学生的参与积极性，进而可实现培养兴趣的目的。

第二，有助于优化课堂教学形式。多元互动的重心在于互动，它不仅仅局限于师生之间的互动，还包括学生与学习内容的互动、学生与现代教学技术之间的互动等。多元化的互动方式为课堂教学注入时代元素，"教"与"学"的关系进一步优化，促进了新型课堂的科学构建。

第三，有助于推进课程改革进程。多元互动教学模式是为实现核心素养目标而服务的，通过引入多元互动教育技术，为教学活动提供必要的技术和资源支持，适应教学信息化、多元化趋势，可促使课程改革深化发展，为教学活动革新提供新思路。

二、多元互动技术应用于现代教育的原则

（一）以学生为主体的原则

多元互动教育技术旨在构建一种双向的、动态的教学模式，它突破了传统教学模式的限制，在表面上是教学形式的转变，在本质上却是教学主体的转变，学生的"学"成为课堂的主体部分，教师的"教"更多发挥的是指导与启发作用。因此，在教学中应用多元互动教育技术，必须坚持以学生为主体，协调安排"教"与"学"的关系，指引学生积极参与互动学习，获取多元化的互动体验。

（二）以互动为形式的原则

多元互动教育技术的核心在于"互动"，各种教育技术均为"互动"提供支持，让互动教学顺利推进，因此，在教学中应用多元互动教育技术，应根据教学需要选择适宜的技术资源，结合教学目标，利用恰当的互动形式，使得现代教育技术与课程深度融合，为教学提供多样化的选择，体现教学的互动性，适应学生的动态学习需要。

（三）以多元为准则的原则

多元是互动教学的特点，倘若互动过于单一，可能无法满足实际教学需要，因此，应用多元互动教育的技术应以多元为准则，从教育技术、互动形式、教学资源等方面体现多元性，多维度延展教学内容，打造多元教育模式，丰富课堂形态，确保互动教学的灵活性与适用性。

第三节　现代教育技术与教师教学素养

"将现代教育技术应用到教育行业，促进了教学模式和教学手段的快速变革"①，使得教育迅速向教育信息化时代迈进。教育信息化的进程与教师的现代教育技术素养有直接的关系。教育信息化发展要求加强对教师教育技术素养的培养，使教师具备良好的信息素养与教育技术能力，满足教师的专业化发展需要。

一、现代教师教学的信息素养结构

（一）信息意识

教师信息意识指的是教师在信息活动中产生的认识、观念以及需求的总和。教师先要有良好的信息意识，才有可能具备一定的信息素养。教师对信息进行捕捉、判断分析及吸收利用的自觉性，是教师信息意识的主要体现。换言之，教师的信息意识主要体现在教师对信息尤其是教育信息的敏感度上。教师信息意识也是一种重要的心理品质，具体表现为对信息的感知觉、情感和意志等。

1. 信息意识的重要性与树立

（1）信息意识的重要性。

第一，教师从大量的信息流中对有价值的信息进行捕捉，尤其是补充新的先进的信息，这对其开展教学工作是有重要意义的。在信息时代，大量的信息通过图书、报刊、影视、广播等方式涌向我们，教师只有对信息敏感，信息意识强烈，才能自觉对信息进行挖掘、搜集、利用，促进自身知识结构的不断完善。教师信息知识的丰富、信息能力的提高，以及信息素质的完善需要具备的一个前提条件就是拥有良好的信息意识。

第二，教师要养成关注信息的习惯，在教育信息领域保持持久的关注，在不同时间、地点都要将自己的一部分注意力分配到教育信息上。信息意识强烈的教师，能敏感发掘自己教学的信息、学生学习的信息、学校教育的问题以及社会相关教育问题，并将这些信息与自己关注的问题联系起来，对信息技术一直保持积极的态度，希望能够通过对信息技术的运用来提高教育教学效果，有效落实素质教育，对同样善于开发与利用信息的创新型人

---

① 张春燕. 融入现代教育技术突破语文阅读教学时空限制 [J]. 小学科学, 2023 (3)：82.

才进行培养。

（2）信息意识的树立。

第一，"想不想"是树立信息意识的第一步。换言之，教师在教学过程中，能否想到将信息技术融入其中，如果完全没有这个想法，那么就不可能树立信息意识，更没有信息素养。

第二，"敢不敢"也是教师信息意识的一个重要体现。有些教师虽然在教育教学中有利用信息技术的想法，但是因为自身因素或是学校客观因素所限，所以不能大胆地将信息技术运用到教学中去。

2. 信息意识的内容构成

（1）对信息时代中信息的重要性有清楚的认识，树立重知识、重创新和终身学习的理念，以适应信息时代的要求。

（2）有强烈的获取信息的需求与动机，并主动将这种需求转化为实际行动。

（3）对信息敏感，洞察信息的能力强，能将有价值的信息迅速有效掌握，对信息的内在意义有深刻的理解，并善于将掌握的信息运用到自己的生活、工作、学习中，以解决日常遇到的问题。

（二）信息知识

信息知识指的是与信息本质、信息运动规律、信息特性、信息系统、信息方法、信息技术等有关的基本知识。教师职业具有特殊性，因此，教师要对一些具有特殊性与具体性的信息知识进行理解与掌握。教师应掌握丰富的信息知识，深入理解信息学理论，掌握信息工具知识，以及教育信息的相关知识。

1. 信息知识的内容构成

（1）基本信息知识。读、写、算的能力是传统信息素养，这也是教师应具备的基本信息知识素养。虽然传统信息素养在信息时代发生了显著的变化，但是在教师的文化素养中，这些仍是重要的基础素养。作为传统文化素养的拓展与延伸，信息素养是新时期教师必备的素养，如良好的阅读能力、对信息技术基础知识、发展历史及其与学科整合规律等方面的理解与把握。

教师应对计算机、信息网络、多媒体等信息技术的核心有基本了解，将计算机基础知识、操作系统软件、常用应用软件掌握好，并能在试题编写和成绩处理中对计算机工具熟练应用。对于信息系统的工作原理也要有一定的了解，通过不断熟悉，会产生学习与应用的动机和需要，并有针对性地收集有价值的信息。只有基本信息素养完备，处理信息的能力才会有提升的可能。

（2）外语素养。如今，人与人交流的平台在随着互联网的普及而不断扩大，但互联网上的信息以英语为主，所以教师必须重视学习外语，从而能够利用互联网进行有效的沟通。

（3）课程整合素养。在整合信息技术与学科教学方法中，教师应充分发挥主观能动性，优化组合信息技术和教育媒体，在学科课程教学中有效融入信息技术，教师只有具备这方面的能力和素养，信息技术在教育领域的作用才能真正发挥出来，教育教学质量也才会有所提高。

（4）多媒体素养。信息时代的教学媒体丰富多样，这对教师筛选与利用信息系统软件的能力提出了较高的要求，教师要对各软件的功能、使用方法有基本的了解，并能从学科特点、学生特点及教学目标和内容出发对不同媒体与软件进行有针对性的选用。

（5）网络素养。远距离教育和学生自主学习，是信息时代发展起来的两种人才培养新模式，这主要得益于计算机技术和网络技术的发展及广泛应用。计算机网络遍布全球，世界上的教育机构、科研机构和文化设施在计算机的作用下相互联结，学生的学习空间得到了充分拓展与延伸。网络基本知识和操作能力是教师在网络和信息时代的必备素养。

教师应对网络的一般原理、校园网的特点及内部网技术的使用方法有清楚的了解，教师如果要共享资源，可借助网上邻居；要发布个人观点，可在课程多媒体网站的建设中应用网页浏览技术。国际互联网操作技术也是教师需要掌握的内容，以便于在数据搜索、文件传输及网络教学中能够充分运用网络技术。在与学生的交流中，可将电子邮件利用起来。需要注意的是，对于网络知识产权和网络道德，教师必须尊重和遵守，这也是教师网络素养的重要表现。

（6）终身学习素养。终身学习是指通过一个不断的支持过程使人类的潜能得到无限的发挥，它激励人们主动获取终身需要的全部知识、技能，并在各种环境、事务中都有信心、有创造性地应用这些知识与技能。终身学习素养是信息素养的重要组成部分，教师信息素养的提高离不开终身学习，只有具备终身学习的能力，养成终身学习的习惯，教师才能不断进步与发展，教师的信息素养才能真正提高。

2. 信息知识素养对教师的要求

信息知识素养要求教师了解信息的特点和内涵；了解信息源（书籍、广播、电视、录像等）的种类、功能及使用方法；掌握幻灯机、投影仪、电子计算机等新技术的用途和使用要领；掌握信息检索方法，以快速获取信息。教师的信息知识应随着教育信息化进程的加快而不断更新。

二、现代教育技术下的教师教学策略

（一）整合信息技术与学科教学

随着信息技术在学校教育中的大量应用，互联网与校园网之间建立了密不可分的联系，基于网络的教学形式也逐渐产生与发挥作用，学校教育资源因此而更加丰富，学校教育在信息化时代面临着更广阔的发展前景。学校应大力推进信息技术在教学过程中的普遍应用，促进信息技术与学科课程的整合，逐步实现教学内容的呈现方式、学生学习方式、教师的教学方式和师生互动方式的变革，充分发挥信息技术的优势，为学生的学习和发展提供丰富多彩的教育环境和有力的学习工具。这表明整合信息技术与学科教学是一场跨越式的具有重要意义的变革，而且这场变革具有系统性、综合性，会深深影响学校传统教学理念与模式。"教学媒体与教学策略的设计，必须紧紧围绕着更好地实现教学目标来实现"[1]，为提高教师的信息技术整合能力，应采取相应的对策。例如，重视教师的职前教育与在职培训，聘请专家开展讲座，为教师之间的交流合作创建平台，鼓励教师在教学实践中自我反思，等等。

（二）利用信息技术完善校本教研制度

对新课程、新课标、新教材的设计主要是为了在教学实践中实现新理念、新方法与新要求，但如果教师对课程、课标及教材缺乏正确的理解，且实施不当，那么这个目标就很难顺利实现。从我国教育信息化发展总结的经验来看，学校更新教育观念，对以校为本的教学研究制度进行科学制定，对教师的信息素养进行培养，使教师在信息技术环境下尽快适应与开展教育工作等，这些都是教育信息化发展的关键。

（三）在信息技术视野中拓展教师培训模式

随着计算机技术和网络技术在教育界的不断普及，教育信息化发展中拥有了越来越完善的硬件条件，但只是硬件建设良好，若要顺利开展教育信息化工作及实现相关目标，还需要加强对信息技术操作者——教师的培训，从硬件建设向教师培训转移。对教育教学进行深入改革，是世界各国教育信息化发展的一个共同趋势。

---

[1] 肖彦臣. 浅谈现代教育技术 [J]. 价值工程，2012, 31（15）：282.

（四）搭建教师专业发展的多元化信息平台

对有良好反思习惯的教师而言，每节课都有新鲜感，每堂课都是不同于以往的新体验。教师在课上要对不同的教学情境进行设置，要观察学生在特定情境下的各种反应，要与学生交流互动，这些都会引起教师新的思考，使教师在教学中进行新的创造。在日常教学背后，有很多内隐的思想和潜在的理念，它们存在于教育叙事、教学案例等教学行为中，甚至存在于教师的生活故事中。因此，在教育科研中，教师要善于从自身的思考、经验与身边的案例着手，进行有针对性的专业理论研究，这样的教学研究更有情境性，更真实。

信息时代教师的"教育叙事""案例研究"的产生、传播以及共享等与传统工业时代已有了很大的不同。在网络时代，社会性软件容易入门，操作便捷，能快速普及。数字化的教育叙事、教学案例，突破了传统上时间和空间的界限，不管是复制保存，还是传播共享都很方便。社会软件为教师进行大范围研究提供了重要的平台，教师可以随时写作、随时将自己的教育叙事发表到网上，并在线向各地的同行、专家求助。教师与同行、学生及专家的交流不受时空限制，更便捷、充分，教师利用这个平台，能够进行更好的创作。此外，基于信息化技术的教育叙事研究，能够将教师的研究热情与积极性激发出来，使教师在主动参与中实现专业发展。

第五章　现代教育技术下的教学管理与评价

第一节　现代教育技术下的教学管理体系

一、现代教育技术下的教学管理内容

学校做好教学管理，提升管理质量，其核心在于管理者清楚知道要管的内容、重点管理的内容以及如何能够管理好。教学管理本身是一个整体，教学管理内容体系，可以归纳为三项，分别是教学计划管理、教学运行管理、教学质量管理，具体内容如下。

（一）教学计划管理

人才培养方案是学校为了提升教育教学质量，确保培养规格的关键性文件，是安排教学活动，设置教学任务的依据所在。教学计划是在中华人民共和国教育部宏观指引之下，由学校组织专家自主制订完成的，所以每个学校拥有很高的自主权。学校教学计划在确定之后，必须全面贯彻落实教学计划管理，合理设计人才培养蓝图。教学计划只有保证课程结构体系的优化与全面，才能将人才培养的总体规划进行有效定位，才能够为优秀毕业生的培育奠定坚实基础。其中特别需要注意的是，在制订了教学计划后，必须严格贯彻，切忌随意散乱。

（二）教学运行管理

学校教学管理基本在于利用规范化管理确保教育教学活动顺利有序的运转，提升教学水平。学校教学运行管理是围绕教学计划落实开展的教学过程，以及有关辅助工作的组织管理。学校教学过程在组织管理方面的特征主要有三点：学生学习自主性与探究性特征明显；坚实基础学科教育根基上的专业教育拓展；教学科研不断整合。以这些特征作为重要依据，教学过程组织管理特别要做好课程大纲的设置，设计组织管理内容、程序、规范要求等，以便对教学过程进行检验。

（三）教学质量管理

学校教学质量这个概念具有很强的综合性，判断教学质量水平指标应涵盖教学、学习与管理质量的综合性指标，才能够得到客观准确的评估。学校教学质量是不断渐进累积的产物，是动态与静态管理整合形成的，所以要关注动态与过程管理，实现过程与结果的统一。学校革新教育思想，提升教学水平，是做好教学质量管理的基础和前提。教育管理要做好质量监控，设计全程质量管理，构建与学校相适应的质量监控体系与运行机制，就必须对质量监控概念、要素、组织体系等进行梳理，认真研究质量监控与保障的全部有关问题。

二、现代教育技术下的教学管理体制

（一）改革信息化管理体制

管理系统包括三个方面的内容，即隶属关系的确立、组织结构的建立和管理权限的划分。学校教育管理系统是指对学校教育管理的组织结构和权力归属进行划分，划分的时候既要注重培养目标的特殊性，又要体现教学水平，更要遵循教育教学规律，这隶属于学校的管理体制。在当今信息时代，学校的环境变得更复杂、更多样，这要求学校的管理方式既要多样化，也要兼顾个性化。新技术环境突破原有教育结构的刚性布局，形成了灵活多变的结构和扁平化的信息传递渠道。因此，对传统校园教育管理体制进行改革是有必要的。在改革过程中，信息技术提供强有力的支持，为教育管理体制改革注入了新的活力，在学校管理组织体系中应用广泛。另外，信息社会的到来，让教育管理者开始面临挑战，同时也提高了他们的综合素养水平。

（二）划分教育管理的权限

在学校教育管理组织环境下大数据趋于简化，但组织关系更为复杂，这是因为缩减机构，降低管理人员的数量，导致机构之间、管理人员之间以及机构和管理人员之间的关系更为复杂。就学校而言，学校层面是宏观层面的管理，教学质量和学校协调控制是否有效拥有非常紧密的关联，所以学校应加强所有专业的管理，并施行对应的方针政策，这样才能作为整个教学过程的有力保障者和支持者。管理的具体内容涵盖领导学校招生和分配工作，决策全校教育管理重大事项，建设教育管理制度规章，完善教学质量评价系统，设计科学化教育培训规划，提出或者修正教育计划要求，对实习进行安排、对公共选修课和文化素质课进行安排，对学生进行管理，加强教学科研信息系统及教学基础设施的建立。

三、现代教育技术下的教学管理策略

（一）加强流程再造理论的研究

如今，从古典的工业流程管理思想到"企业流程再造"的研究，已经形成比较系统完整的流程再造（BPR）理论。BPR 理论推广应用的本质是要引起企业流程激进式的变革。将 BPR 理论引入学校教育管理流程再造中，同样也是要引起学校教育管理流程激进式的变革，这种变革也是我国学校坚持教育创新所需要的。我国对 BPR 理论的研究起步时间不长，深入研究不足，没有形成这方面比较成熟的理论，特别是还没有真正形成适合我国学校教育管理流程再造的理论。因此，就需要我国教育界的理论工作者，以及实际管理工作者进行更深入的思考，以克服流程再造的盲目性和风险性，以较低的成本实现学校教育管理流程再造的高效率和高效益。

（二）建立教育管理信息系统的相关平台

由于教育理念和技术上的问题，传统的教育模式并没有真正以开发学生特长为宗旨，对学生实施个性化教育，因此，学校培养的学生难以满足现代社会多样性发展的需要。而当今电子信息技术的迅速发展，已使得学校有可能运用先进技术，以学生的个性化发展为中心，来进行组织结构和教育流程的重新设计，即进行学校的教育流程再造。现代信息技术手段为教育流程再造提供了有力支持，学校应该充分利用流程再造技术，以及现代信息系统平台进行教育流程再造，建构起教育流程再造的信息技术支撑体系，激发学生的兴趣爱好，培养学生的个性特征和创新性，有效提高教育质量。

（三）建立规范化的教务管理流程运行体系

学校教育管理流程再造的切入点，就是促进学校教务管理流程规范化、信息化、效率化。学校教务管理流程规范化，是指学校教务管理主体在教务管理流程中建立起纵向（教学校长—教务部门—院系及教师和学生）、横向（教务部门与各部门）之间信息沟通、协作互动的制度化和有序化运行机制。学校教务管理流程信息化，是指学校教务管理主体在教务管理流程中，以现代信息化技术和方法为工具，建立起全校师生共享的内部教育信息系统平台，以及与外部连接的教育质量反馈、市场需求动态等信息系统平台。学校教务管理流程效率化，是指学校教务管理主体以教务管理流程为向导，建立围绕流程目标以及任务开展工作的团队，把现行的科层式（金字塔型）组织再造成扁平化的流程型组织，以提高办事效率。学校教务管理流程应该体现教育教学规律，符合人才培养目标和制度的要求，体现管理的科学性、高效性。

（四）建立教育管理流程的网状型管理体系

传统的教育管理模式是一种垂直的线型管理模式，而信息化时代则带来了全新的扁平化网状型管理模式。BPR 理论要建立起来的企业管理方式，是适合信息化时代要求的网状型管理模式。以教育管理哲学为指导，建立起学校宏观、中观和微观教育管理流程的网状型管理体系，是现代教育发展的客观要求，具体表现如下。

第一，宏观教育管理流程再造，是指国家教育管理主体在教育领域中，采用 BPR 理论重新反思和审视整个教育管理流程，提出未来的教育管理发展理念。

第二，中观教育管理流程，是地区教育管理主体以宏观教育管理流程再造思想为指导，在本地区内采用 BPR 理论重新反思，并且审视本地区教育管理流程，提出未来教育管理发展思路。

第三，微观教育管理流程再造，是指学校教育管理主体在宏观教育管理流程再造和中观教育管理流程再造思想指导下，以 BPR 理论重新反思和审视本校教育管理过程，提出本校未来教育管理发展模式。

总而言之，流程再造的根本目的，就是要以学校教务管理流程规范化、信息化、效率化为切入，以教师为本，激活教师教学的自觉能动性，促进学生个性化发展，努力提高自主创新能力，培养适合社会需要的创新人才。

第二节　现代教育技术下的教学环境管理

现代教育技术是教育改革的突破口，是当代教育的制高点，学校必须在教育教学过程中充分应用现代教育技术，将教育技术渗透到教学环境中，开展信息化教学，对学生的创新潜力进行挖掘，培养学生的创新意识与能力，为社会培育高素质的全面型、创新型人才。下面以现代教育技术下的数字校园网络、多媒体教室为例，阐述现代教育技术下的教学环境管理。

一、现代教育技术下的数字校园网络

数字校园网络指的是利用网络媒介、通信媒体和管理服务的一个集成应用系统。在数字校园网络中，可将现代化手段充分利用起来，以全面支持学校教学、学校办公、学校管理、学校对外交流等，并通过与网络（Internet）的接入，进行远程交流，实现资源共享，从而促进教学质量、科研水平的提高。

（一）现代教育技术下的数字校园网络结构

"随着网络信息技术的发展，各种新技术不断地应用于教育教学，使得数字化校园的应用不断地深化"[1]，信息中心是数字化校园网络的中心，内网、外网是数字校园网络的两大组成部分。其中，内网也就是校园 Internet，在学校的教学楼、办公楼、实验楼、图书馆、宿舍楼等区域都有网络覆盖，主要为学校教学、管理和科研服务。外网主要提供对外服务。整个校园网以学校的网络信息中心为服务和管理中心，校园网内的信息交换、网络系统的正常运行以及校园网与广域网的信息交流由信息中心负责。中心交换机、网管机、服务器群组及边界路由器等设备是网络信息中心的基础配置。网络信息中心依托这些设备形成了拓扑结构[2]。

1. 信息发布

学校的对内校园网站主要供校内师生工作和学习使用，对外校园网站主要用于对外信息交流，将学校形象展示给社会。学校对会议通知、重大事件等的公布主要借助网站主页，学校的发展历史、院系和专业设置、招生就业信息等重要信息与资料也在校园网上有详细介绍。

2. 教学应用

校园网通常都建设了相应的网络教学平台，为学校各项网络教学活动的开展提供支持。例如，教师备课、上课、组织测试，学生选课、学习、参加考试，教务人员对学校教学工作的数字化管理，等等。校园网的教学信息资源库有检索、下载等功能，为教师教学与学生学习提供了便利。

3. 管理应用

学校的分布式管理系统十分先进，系统模式较为复杂，体现为网络状、多通道，能对校园信息及时进行收集、统计、分析，实现数据库和软硬件资源的共享，促进学校办公效率和教务管理、人事管理、财务管理、后勤管理等管理效率的提升。

---

[1]孙智勇. 基于 P2DR 模型的数字校园网络安全防范探讨 [J]. 现代信息科技, 2017, 1 (1): 210.
[2]计算机网络拓扑结构是指网络中各个站点相互连接的形式，在局域网中明确一点儿讲就是文件服务器、工作站和电缆等的连接形式。

4. 科研应用

校园网络使各类计算机硬件资源、软件资源及学术信息资源被校内外用户共享，从而使科研成本降低，科研效率提升。师生可利用校园网络对科研资料进行查阅，与他人展开学术观点方面的探讨。

（二）现代教育技术下的数字校园网络建设

建设校园网主要是为了提高学校的教学水平、管理效率及为学校其他方面工作的开展提供便利。以校园网的教学应用为例，其核心是多媒体教室和多媒体辅助教学，在网络建设中应对多媒体信息的特点、如何有效控制并发信息、网络的安全性进行考虑，应保证网络应用和管理简便易行。

二、现代教育技术支持下的多媒体教室

"随着现代化教育技术的不断推广，多媒体教学成了教师和学生都欢迎的教学形式"①，多媒体教室是以教育教学的需要为依据，通过整合多种现代教学媒体如多媒体计算机、录音、录像、投影等而建立的一个综合教学系统。教师通过多媒体教室系统，能够将多媒体教学手段利用起来进行信息化教学，教学更方便、灵活，教学形式与学生的认知、理解和记忆特点更符合，有助于促进教学效果和效率的提高。

（一）现代教育技术下的多媒体教室结构

多媒体教室系统利用多媒体手段，向中央控制系统传输不同类型的教学资源，各种信号键的切换主要通过中央控制系统操作面板来完成，从而对各种音频、视频设备的播放进行控制。教师对各种教学资源的调用可通过多功能控制系统完成。

1. 中央控制系统

在多媒体教室中，中央控制系统是核心组成部分，指的是集中对声、光、电等设备进行控制的系统，其通过系统集成，将整个多媒体演示教室的设备操作集成在一个平台，在该平台上可完成所有设备的操作。整个多媒体教室中的全部媒体设备都由中央控制系统集中管理控制。

用户可通过计算机和中央控制系统，用计算机显示器、按钮式控制面板、无线遥控和触摸屏等设备对展台、投影仪、录像机、影碟机等设备进行控制。影音互传、资源共享和

---

① 杨桂英，许桂芬. 关于多媒体教室的探讨 [J]. 改革与开放，2011（6）：179.

相互监控都可以在中央控制系统中实现。教师可以利用智能化的计算机软件界面、按键式面板操作控制多媒体教室的各种设备。操作界面集中了多种设备的操作，并有简单的菜单说明，这能为用户提供方便，只要在一个界面上就能操作控制各种教学设备。

2. 计算机信息处理系统

计算机信息处理系统主要包括多媒体计算机和网络传输设施。多媒体计算机作为教学媒体和网络连接设备的枢纽，多数情况下都处于工作状态，所以选配的机器应尽可能满足内存大、运行快、工作稳定可靠等要求，而且为避免因操作失误而造成故障，还应考虑对还原保护卡的安装。计算机信息处理系统与校园网、闭路电视网络连接，以实现资源共享，为教师对网络教学资源的自由调动提供便利。

3. 视频图像处理系统

电子投影仪是视频图像处理系统的核心组成部分，此外还有影碟机、录像机、电动屏幕和视频展台等视频图像处理设备，利用视频图像处理设备可提供多种视频信号。在多功能教室中，电子投影仪的单价最高。

4. 音响处理系统

音响处理系统包括录音机、音箱和功放等设备。为满足多媒体教学的需要，多媒体教室的音响处理系统应满足的要求包括频响宽、有话筒混响功能、保真度高、工作功率与教室面积相匹配。

（二）现代教育技术下的多媒体教室类型

1. 简易型多媒体教室

简易型多媒体教室的基本配置有多媒体计算机、录像机、视频展示台、液晶投影机、影碟机以及银幕等。各个设备相互独立，使用起来较为麻烦。

2. 标准型多媒体教室

标准型多媒体教室是结合多媒体计算机技术与常规电教媒体而建设的，配置的辅助设备有音响系统、控制银幕以及照明设备等。这类多媒体教室的功能如下：①播放多种媒体信息；②采用实物展示台，在大屏幕上显示图片；③可与校园计算机网、校园有线电视网等多种信息网相连。

3. 学科专业型多媒体教室

学科专业型多媒体教室主要供某一学科专用，所以其配置的设备除包含简易型或标准

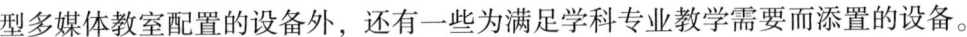

型多媒体教室配置的设备外，还有一些为满足学科专业教学需要而添置的设备。

（三）现代教育技术下的多媒体教室功能

第一，与校园网络连接，为网络联机教学，方便教师对丰富网络资源进行调用；第二，与闭路电视系统连接，使得电视媒体的作用充分发挥到教学中；第三，对实物、文字、图片、模型等教学资料的形象展示；第四，对视频教学节目的播放；第五，采用多媒体辅助教学手段，将多媒体教学课件演示给学生；第六，使各种声音信号从先进的音响系统中播放出来；第七，使计算机信息、视频信号显示在大屏幕投影仪上。

（四）现代教育技术下的多媒体教室管理

1. 多媒体教室的日常管理

（1）完善管理制度。教师应建立《设备使用记录》《设备状况及维修记录》等详细的、行之有效的规章制度，并不断完善这些制度，为多媒体教室设备的安全提供保障。

（2）专人管理。专人集中管理多媒体教室，保证设备工作状态良好，进而为教学秩序的正常进行提供保障。

2. 多媒体教室的设备管理

设备管理的主要目的是将隐患排除，使设备正常工作，充分发挥作用，促进使用寿命的延长。需要维护的设备主要包括：①计算机操作系统；②操作频繁、容易出问题的设备，如多媒体设备、电源插座、开关、按键等；③话筒电池、视频展示台灯管等消耗材料。

另外，在多媒体教室管理中，需做好以下工作，以提高管理效果：①管理者与教师多沟通，征询意见，及时改进管理中的问题；②通过在多功能教室听课来发现问题，及时处理问题；③培训教师的多媒体维护常识，使其发现常见问题并能有效解决。

第三节 现代教育技术支持下的教学评价

现代教育技术支持下的教学评价被称为"信息化教学评价"，指的是根据信息化教学理念评价信息化教学过程与效果的活动。现代教育技术支持下的教学评价，具体内容如下。

一、现代教育技术支持下的教学评价对比

现代教育技术支持下的教学评价与信息化教育的要求相符，其与传统教学评价有很多不同的地方，具体分析如下。

（一）教学资源评价对比

教材和辅导资料是传统教学中学习资源的稳定来源，在大批量生产与使用学习资源之前，一般通过教学试验来评价学习资源。在教学过程中，教师很少评价学习资源。而在现代教育技术支持下的教学评价体系中，学习资源是一项非常重要的评价内容，因为学习资源在信息化环境下的来源多，覆盖广，互联网学习资源尤其丰盛。因此，面对如此庞大的学习资源库，如何选择和运用有效的资源是一个迫切需要解决的问题，这就需要教师与学生共同对这些学习资源进行评价，以提高资源利用的效率。

（二）教学评价观念对比

在传统教学评价中，对学生的评价侧重于学习结果，即学生是否达到学习标准，最终根据评价结果来对学生进行等级划分或类别区分。因为传统教学缺乏先进的技术，所以评价环节往往只将注意力集中在客观知识和学习结果上，这种评价无法使评价对师生发展的重要作用得到充分发挥。此外，传统教学评价受传统教育观念的影响颇深，一般而言，只有教育者（教师）是评价者，他们重点评价学生，学生处于被动地位，而且教师也不重视对学生情感、思想、认知能力等方面的评价。

在现代教育技术支持下的教学评价，侧重对学生学习表现、学习过程及其知识应用能力的评价。在信息时代，知识更新换代非常快，在教育教学中不能只看学生学了多少知识，消化了多少知识，更重要的是要看学生是否"会学习"。同样，作为教学的重要组成部分之一，教学评价也不能只看学生是否掌握了教学规定的知识，更应该全面评价学生学习的各个方面。

总而言之，在现代教学中，教师在知识储备与传播方面并没有绝对的权威，教师对学生进行评价的同时，学生也可反过来评价教师的教学活动，现代教育技术支持下的教学提倡多元的评价主体，强调评价主体与对象的统一。

（三）教学评价标准对比

在传统教学评价中，教师或课程编制人员根据自己的意图或教学大纲来制定评价标

准，标准相对固定、统一。教育技术支持下的教学，对学生的个性化学习更为关注，教学是跟着学生的节奏调整的，学生具有一定的控制权与自主权，这些权利主要体现在学哪些、如何学、如何评价等方面，教师的作用以引导、督促为主。所以，在信息化教学中，一般由师生共同制定评价标准，而制定的依据是师生的共同经验和学生的实际水平。

(四) 教学评价方式对比

教学评价方式丰富多样，根据不同的分类标准可以分为不同的类型。按照评价基准可以划分为相对评价、绝对评价和自我评价；根据评价功能的不同，可以划分为诊断性评价、形成性评价和总结性评价；按照评价方法的不同，又可划分为定性评价和定量评价。

传统教学评价方式单一，以总结性评价和量化评价为主，这种评价的局限性很大，与现代评价理念不符，无法真正发挥教学评价的作用，很难通过评价来积极影响学生的情感态度、价值观、个性及学习效果。教育技术支持下的教学，提倡多样化的评价方式，要求高度关注学生的学习过程及其包含的各个要素的优势与功能，最终实现教学评价的功能。

(五) 教学评价与教学过程关系对比

教学评价一般是传统教学的最后一个环节，而且这个教学活动相对比较孤立，标志着教学的终结。传统教学评价主要判断学生的学习结果。而在现代教育技术支持下的教学中，教学过程的每个环节，都渗透着形式不同的教学评价。指向学习结果的教学评价与教学过程紧密结合，不可分割。

二、现代教育技术支持下的教学评价优势

(一) 融入教学的整个过程

教育技术支持下的教学评价，强调将评价渗透到教学过程的各项活动中。融于教学过程的教学评价具有以下优势。

第一，能够借助现代教育技术手段对整个教学过程进行详细的记录，能够为评价者收集各种评价资料、全面评价教学过程提供方便。评价者可借助的技术手段有摄像机、屏幕录制软件等。此外，现代教育技术支持下的数字化评价方式，具有易收集和保存资料、存放空间小的特点。

第二，能够时刻对学生的学习状态进行观察，从而对教学进度及时进行调整。例如，在课堂上，教师针对学生已经学习的内容，利用交互性的软件向学生发布小测验，如选择

题、思考题、问答题等，教师根据学生完成测验的情况对其学习状态进行了解，从而对教学进度适当调整，以更好地满足学生的学习需要。教师随时把握学生的学习状态，也能时刻给学生反馈，让学生对自己的问题有清楚的认识，引导学生反思，帮助学生解决问题，促进学生进步。同时，教师也能在融入过程的评价中不断总结经验教训，改进自己的教学工作，完善教学过程，提高教学质量。

第三，在分析和处理数据方面具有明显优势，可促进教学评价效率的提高。目前，快速分析和处理数据是极域电子教室等很多软件或平台都具备的功能，利用这些软件或平台能将学生在测验中的答题情况快速统计、分析出结果，及时获得反馈的相关信息，从而有针对性地开展接下来的教学工作。例如，在现代教育技术支持下的教学评价中，雨课堂作为一个现代化教学评价工具得到了普遍的运用，这款教学工具是由清华大学和学堂在线平台推出的。采用该工具可将预习资料提前发给学生，对学生完成习题进行远程指导；课上采用该工具可随时进行师生沟通，以对学生的学习情况能够及时了解；课下采用该工具可将课后作业发布给学生，并对学生完成作业的情况进行监控。

（二）教学评价的效率较高

教育技术支持下的教学评价，运用大量的信息技术工具完成评价工作，评价效率比传统教学评价效率更高，这主要与信息化教学评价的自动化、及时反馈、交互性等特点有直接的关系。

第一，评价的自动化。就一定程度而言，信息化教学评价是教学评价发展的自动化阶段，如借助腾讯 QQ、邮箱、微信等社交软件和网络平台将调查问卷快速发布并回收，再利用统计产品与服务解决方案软件，迅速收集与分析调查问卷上的数据与信息，这样可取得准确的评价结果，而且提高了评价效率，节省了教学资源。

第二，及时反馈。教育技术支持下的教学评价，能够使教师及时向学生反馈评价结果，及时发现"教"与"学"各自的问题与不足，使教师与学生共同调整自己的教学方式与学习方式，以共同提高教学质量。

第三，交互性。教育技术支持下的教学评价，具有交互性特征，学生对这种评价方式更感兴趣，因此，参与学习与评价的积极性也比较高。

三、现代教育技术支持下的教学评价原则

在信息化教学中，为达到评价目的实现整体教学目标，开展教学评价时应注意以下原则。

（一）以人为本的原则

教育技术支持下的教学评价，主要为教师与学生的全面发展而服务，因此，应通过评价将对师生发展有价值的信息提供给教师与学生，使教师与学生对自己有更全面的认识，从而进行自我发展与完善。信息化教学评价应贯彻以人为本的原则，尊重评价对象的个体需要和差异，促进评价对象的终身发展。在评价结束后，对比评价标准与评价结果，从横向与纵向进行多层次对比与分析，将评价对象值得肯定的地方指出来，并点明问题，提出有价值的建议，使评价对象实现个性化与全面发展。

（二）共同制定评价标准的原则

在信息化教学评价中，师生共同制定与执行评价标准。在传统教学评价中，主要由教师制定评价标准，但教育技术支持下的教学评价要求学生也要参与到评价标准的制定中，教师要多给学生提供这样的机会，对学生的评价能力进行培养，使学生能够自主思考，自觉反思，从中获得全新的发展。另外，学生自评与互评也是信息化教学评价的主要方式，教师要多鼓励学生参与评价，使学生作为评价主体的作用得到充分发挥，学生在评价中要有责任心，不能盲目评价。

（三）自觉提出期望的原则

学生在教育技术支持下的教学，其中所拥有的自主权和控制权都比较强大。教师应在教学前通过制定量规、提供范例等方式，让学生自觉提出自己的期望，并将此作为参照标准来指导自己的学习，避免学生学习的盲目性。

（四）基于实际表现进行评价的原则

在教育技术支持下的教学评价中，教师要尽量结合学生的真实生活来选择问题，提出挑战，在评价时重点将注意力集中在学生完成学习任务过程中表现出来的各种能力上，如提问、理解、探寻答案、交流合作、评价、创新等能力。教师要通过评价来提出能够提高学生这些能力的有效路径与方法。

（五）教学过程随时评价的原则

教学过程是持续的动态过程，教育技术环境下的教学评价也具有动态性，其与教学过程并行，在整个教学过程中都有渗透。在教学评价中，只通过纸笔测验，很难全面了解评价对象"教"或是"学"的情况，所以要采用过程评价的方式，并基于情景化来实施。教学评价应融入整个教学过程中，通过不断地评价和比较来判断评价对象是否有进步，与教学目标还有哪些差距，有哪些问题需要改进，从而将下一步的教学方向或教学策略明确下来。需要注意的是，每次评价只是评价对象智能状况的部分表现，而不是智能的唯一指数。

第六章 现代教育技术在教学中的创新应用

第一节 现代教育技术在远程教育中的应用

"随着科学技术的发展，在我国当代教育系统中，远程教育在教育领域中的运用越来越广泛"①，现代远程教育作为一种新型教育形式，已成为构筑知识经济时代人们终身学习体系的主要手段。远程教育教与学相对分离，具有双向交互的技术特征与优势，既能使师生交流加强，又能促进集体教学活动，同时还能对个体化学习和小组协作学习起到激励与促进作用。

现代远程教育也称"网络教育""第三代远程教育"，是在现代教育理念指导下，利用先进的网络和计算机技术，实时与非实时传递多媒体的音频、视频、数据等信息，进行实时与非实时可视的、交互式远程教育。现代远程教育的基本内涵包括：①教育机构、教师与学生之间处于经常性的长期相对分离状态，这使得远程教育需要为学生提供特殊的课程规划以及课程资料；②由于教与学是相对分离状态，远程教育需要在教育机构、教师和学生之间建立特殊的信息传输系统，并为学生，同时也要为教师持续不断地提供学和教的支助服务；③远程教育最主要与最本质的特征是教育机构、教师与学生之间在空间上的相对分离。基于这一基本特征，远程教育机构需要建立适应于这一特征的课程开发模式、教学设计模式、学习支助服务模式，以及相应的远程教育管理和评价模式，这些构成了远程教育研究中最本质的内容。

一、现代远程教育资源的建设

现代远程教育资源主要指蕴含了大量的教育信息，能创造出一定的教育价值，利用各种信息传输和处理技术，以数字信号的形式在互联网上进行传输的信息资源，包括数字音频、数字视频、多媒体软件、电子邮件、网站、在线学习管理系统、在线讨论、计算机模拟、数据文件、数据库等。

---

① 阿合买提·阿同白克. 现代教育技术在广播电视大学远程教育中的应用 [J]. 现代职业教育，2017（12）：46.

（一）现代远程教育资源建设的内容

现代远程教育资源的建设可从课程资源建设、网上资源库建设、人力资源建设及离线辅助教材资源建设四个方面同步展开。现代远程教育资源具体的建设内容包括素材库建设、网络课程建设、远程教学点建设、教学支撑软件建设、现代远程教育信息网站建设、现代远程教育法规建设、远程教育工作者培训等。

（二）现代远程教育资源建设的步骤

现代远程教育资源建设采取自上而下的组织策略，总体规划部门确定资源建设的整体目标、内容和标准，并与各建设单位进行协商，对资源建设任务进行分配。参与现代远程资源建设的单位主要有教育单位、实力雄厚的企业公司。现代远程教育资源建设包括以下步骤。

1. 需求分析

需求分析可以从不同角度进行，以确定所要建设资源的种类、学科范围、具体内容、每类资源建设的数量及需要提供哪些特色资源等，这些都需要按照教学大纲和课程目录的顺序，划分各学科要建设的资源的详细内容。除了专门的教学资源外，资源库中还可收录电子图书、教学工具软件等拓展资源。需求分析最终应生成一个书面的资源建设的需求分析报告文档。领导决策者根据此文档来确定资源建设规模。

2. 确定标准

根据中华人民共和国教育部教育信息化技术标准委员会发布的《教育资源建设技术规范》确定资源建设的技术标准，必须细化到对资源每个属性的具体要求，以更好地进行操作。

3. 编制评价指标

编制资源的评价指标是后期"资源建设专家组"和"各学科工作小组"审查资源并进行分类的依据。明确评价标准有利于保证资源的质量。

4. 资源建设培训

资源建设培训主要是对资源的开发者、建设者进行业务知识培训，包括基础教育教学资源的分类体系、分类标准、基本属性特征等。

5. 资源征集

分配资源征集任务并下发各个部门。分配任务时应考虑各地区、学校和教师的特色与优势，尽可能将其优势最大限度地发挥出来，保证资源整合的完善。资源征集可根据学科、年级和类型的不同组合顺序来收集整理资源。

6. 资源的审核与完善

资源建设领导小组组织资源建设专家组及各学科工作小组、技术小组按照已定的"资源评价指标"对征集到的资源进行审核、筛选、优化、整合，并确定资源的等级和价格。对筛选出的基础较好，但是不完善的资源由技术小组在学科工作小组帮助下进行优化，使之达到合格资源的要求。

7. 资源入库

利用计算机网络技术，通过资源管理平台将资源批量，或是单个存入数据库中，为确保资源库中数据的精确性，需要资源收集整理者在入库时，对资源的所有属性进行预校验。

8. 资源的运营与维护

后期的运营维护工作主要包括定期采购资源等。如同一个虚拟的世界，网络教育资源以非线性的、更符合人类思维习惯的方式进行组织，既包括静态的数字资源，又包括由人的交流与交互所形成的社会化氛围，这些氛围来源于现实中的人，因此，它与现实社会有相似性，每个人以自由化的方式演绎个性活动，在网络上的信息活动是一种虚拟的体验，既可以是现实生活学习的模拟，也可以是对未来的幻象。

二、现代远程教育课程的开发

（一）现代远程教育课程开发的人员构成

第一，课程开发主管。课程开发主管主要进行课程开发规划、组织协调课程开发工作，为学生提供有效学习环境，审定导学方向、辅学渠道及策略。

第二，课程内容专家。课程内容专家是编撰课程内容的科目专家，他们编写符合远程教育特点的内容，完成课程文字主教材的编制，并注重课程内容及其准确性。

第三，课程责任教师。课程责任教师也是专业教师，主要进行教学的设计，从传统的以面授为主转为以教学资源的建设和导学、辅学为主，负责拟定课程教学大纲、教学要求、作业及考核方法，准备复习资料，设计及制作课件，批改作业等。

第四，媒体技术专家。媒体技术专家以最优的技术，配合课程开发的相关技术人员，从而参与远程课程制作。

第五，学习支助人员。学习支助人员主要负责分发学习资料、组织学习活动、联络答疑、反馈各方信息、进行学生思想上的教育工作等。

总而言之，远程教育课程开发需要团体合作，集中各方优秀的人员，通过精细的分工和协同合作来提高课程质量。

（二）现代远程教育课程开发的常见模式

1. 课程组模式

课程组模式，如英国开放大学采取课程组开发模式。英国开放大学的特色是不仅拥有高质量的媒体教材，而且得到了国际远程教育界的一致推崇，这与开放大学实行的课程组组织创作模式密不可分。为确保高质量的媒体教材，英国开放大学在学生自主学习的系统性教材上投入了高额资金。完整的课程媒体主要包括文字教材、录音带、录像带、网上教材，以及直观实物、实验箱等。课程媒体建设采用课程组模式，课程组成员分工明确。运作良好的课程组具有以下特点：①拥有民主气氛；②每个成员都有最大的自由及责任心；③成员有一定的时间保证；④课程组主席具有领导能力；⑤学术声誉良好等。

2. 双子系统互动模式

双子系统互动模式是适合于现代远程教育的课程开发模式。该模型主要由"课程学习材料制作子系统"（简称制作系统）和"课程支助服务子系统"（简称支持系统）两个部分组成。

（1）制作系统类似于一个"制造部门"，由某一领域专家在学习心理学家、课程专家、教育技术专家、媒体制作专家等人员的协助下，共同完成学习材料的设计制作，并向远程教育的消费者提供课程产品。

（2）支持系统类似于一个"服务部门"，负责为参与的学习者提供各类学习支助服务，帮助他们更好地使用课程产品，获得期望的知识和能力。

此外，一个完整的远程教育课程开发系统，还应该在两个子系统中融合需求分析、目标设计、课程实施、课程评价等所有功能，使之成为一个功能齐全的完整系统。

第二节　现代教育技术下的微课与慕课教学

一、现代教育技术下的微课教学

（一）微课教学的原则、特征与作用

随着信息化时代的到来，网络通信技术发展日新月异，各种微平台也在不断发展。以短小精悍的教学视频为呈现形式的微课，正在影响着我国教育教学改革的发展趋势，成为日渐成熟的新型教育教学资源。微课是信息技术迅速发展的产物。微课的发展在很大程度上也促进了信息技术的发展。微课是一种教学载体，它利用短视频的形式来阐述某一问题或观点，其旨在帮助教师和学生学习知识、巩固知识。

1. 微课教学的原则

（1）观感舒适。一个设计优秀的微课主要取胜于三个方面，即简洁的文字、精美的画面以及和谐的音乐，从而使受众观感舒适。

第一，文字简洁，微课的播放要具备适当的字幕提醒，不同时段的讲述重点要通过最简短、准确的文字呈现给受众，但是文字简洁要以内容传递的准确性和前后关联的逻辑性为前提。

第二，画面精美，教师在微课制作前，应对所教授的内容从宏观到微观都能做到主次分明、心中有数，只有这样，教师才能通过课件将其中内容的层次以独特的画面语言告诉学生。

第三，音乐和谐。不是所有的微课都需要添加动听的音乐，但是为了取得更加完美的教学效果，教师可以适当地添加能够起到舒缓学生情绪、维持学生注意力作用的乐曲。需要注意的是，不论文字、画面还是音乐，对于微课教学而言，这些都不是制作者最应该投放精力的地方，微课的关键还是在于内容的选取和讲授，切忌出现舍本逐末的情况。

（2）简洁易懂。微课，重在一个"微"字，一般而言，微课教学的视频时长为5～10分钟，教师如果想在如此短的时间内呈现最精致的教学内容，就要求教师在微课的制作过程中力求既"精"又"简"。由于微课的内容是针对某一个重要知识点而展开的具体介绍，因而，教师应该紧紧围绕核心内容进行剖析，最好能做到开门见山、直入主题。对于教师而言，能用一句话概括的内容绝不进行连篇累牍的详述，能用最通俗易懂的案例绝不进行牵强附会的拓展。教师要利用精辟简洁的文字，激发学生开放发散的思考，真正帮助学生实现自主性学习。

（3）内容完整。微课，虽然"形"微，但其"神"不微。微课的授课时间虽然短，但时间的压缩并不意味着质量的降低，每一个微课的内容都是经由制作者严格筛选而来的最具有价值的知识点，短短 5 分钟的视频所囊括的内容不仅主题清晰、结构完整，并且要点突出、结论明晰，其所列举的案例往往也都跟学生的日常生活紧密相关，便于学生的理解。学生虽然只是通过屏幕进行学习，却也能真正收到和课堂教学一样的学习效果。

（4）以学生为中心。微课教学不同于传统教学，它具有主题明确、共享交流、多元真实等特点，这些特点是传统教学所不具有的。将微课应用于教学中，可以改变传统教学模式，可以突破时空的限制。通过对微课教学的深入研究发现，微课教学是面向全体学生的，注重的是全体学生的发展，微课的教学效果，主要取决于学生的发展和学习体验。因此，微课教学服务于学生，并通过这种服务来丰富学生的学习体验，因此，教师在微课教学中还需要坚持以学生为中心的原则。

无论是教学内容和课程资源的选择，还是教学方法或是教学策略的实施，都要以学生为本。与此同时，教师还应该结合学生的实际学习情况进行微课教学设计，从而使微课视频内容能够满足学生学习的需求。除此之外，教师对学习资源的组织也要结合学生的实际水平和学习特点，突出学生的主体地位，坚持以学生为中心的原则，这样有利于资源的组织符合学生学习的特点，有利于提高学生学习的热情，使学生保持学习兴趣，不断学习和探索。

2. 微课教学的特征

（1）主题明确的特征。教师在进行微课制作的过程中，主要将教学中的难点知识和重点知识融入其中。由此可见，微课教学在主题上应以明确为主，在内容上应以简洁为主，这是传统教学无法比拟的优势。

总而言之，主题明确是微课的主要特点之一。在微课制作中，教师只有明确了主题，才能从中选取一些重点知识、难点知识，才能保证主题内容的典型性和代表性。与此同时，主题明确的微课教学能够激发学生学习的兴趣，有利于集中学生的注意力，同时也有利于学生快速地理解主题内容。

（2）弹性便捷的特征。传统课堂教学的时间是固定的，不具有灵活性和弹性。而微课教学却不同，它的视频时间比较短，即使一些长视频，其时间也不会超过 10 分钟，这种视频时间的安排更能够集中学生的注意力，与学生的认知特点也十分契合。在制作微课时，教师涉及的微课资源容量较小，很多资源容量都在百兆以内。这种小容量的资源在存储过程中更加便捷。也正因如此,微课教学和微课学习成为可能。

总而言之,学生在学习微课视频的过程中,不仅不会花费太多时间,还会更加集中精力进行学习,真正提高了学生学习的效率。同时,学生可随时随地进行学习,弹性地安排自己的学习时间,为学生的学习提供了很大的方便。

(3)多元真实的特征。多元真实的特征主要可以从多元和真实两个方面着手进行分析。

第一,微课的多元,主要强调的是微课资源的丰富性和多样性。比较常见的微课资源主要有微课视频、微课件、微练习等,这些能为学生学习提供丰富的资源。由此可见,资源的多样性是传统教学模式无法比拟的,微课多样化的教学资源也能够促进教师的发展。

第二,微课的真实,主要强调的是教学情境的真实性。微课教学注重真实情境的创设。教师在制作微课的过程中,会将教学内容融入具体的真实情境中,从而形成微视频。与此同时,还需要指出的是,教师在创设真实情境时应该多贴近学生的现实生活,只有这样,才能促进教学目标的实现。

(4)实践生动的特征。由于微课开发的主体是广大一线教师,加之微课开发的本身就是以学校的教学资源、教师的教学与学生的学习为基础的,因此,越来越多的学校通过微课这种新的学习方式进行探索研究,挖掘本校的微课建设,这本身就具有很强的实践性。在实践的过程中,教师需要注意微课的表达方式,生动活泼不仅体现在微课画面设计、微课音乐设计、微课主体设计等方面,还体现互动方式、设计步骤等方面。总而言之,实践生动是微课的主要特点之一,也是微课广泛应用于教育教学中的主要原因。

(5)共享交流的特征。微课的共享性主要强调的是微课资源的共享。微课是信息技术与教学内容的有机结合,具有资源丰富、方便快捷、互动性强等特点。微课不受时间和空间的限制,学生可以充分利用自己碎片化的时间进行学习,微课实现了资源的共享。

此外,学生可以在微课平台上进行互动和交流。教师也可以充分利用微课平台的优势,将一些短视频、微课件、微练习等上传到网络平台上,学生可以在平台上与教师、同学一起学习、互动和交流。教师可以学习其他教师的微视频,从而吸取他人的教学经验,弥补自己教学的不足。教师也可以在平台上与其他专家型教师进行交流和互动,在教学反思和教学互动中不断提升自己的教学能力,最终促进自身专业发展。由此可见,微课的共享交流不仅有利于学生与教师、教师与教师、学生与学生之间的交流互动,还有利于形成平等、和谐的师生关系。更为重要的是,这种共享交流能够提高学生的学习效率,促进教师的专业成长。

3. 微课教学的作用

（1）突破传统课堂限制。

第一，从学生角度而言。

一是提高了学生学习的效率。无论是哪种形式的教学，教师在一节课中讲授的精华内容通常都是这节课的重点知识、难点知识和关键知识，这些精华的讲解部分，也是这节课的高潮部分，学生应该把握住这一部分的学习。学生对某一知识点视觉驻留的时间一般是20 分钟，这就要求学生快速捕捉一节课的高潮部分，并集中精力地听讲和学习。如果能够将教学的重点和难点内容制作成短视频形式就可以集中学生的注意力，提高学生的学习效率，教师可以对教学重点知识、难点知识、考点知识等进行提炼和压缩，并将其制作成微视频的形式，供学生观看和学习，这种微视频包含了教学的重要知识点，有利于学生随时随地观看学习，这在很大程度上促进了学生效率的提高。

二是有利于学生的自主学习和有选择性地学习。随着信息技术和网络技术的发展，教学的灵活性、自由性、不固定性更加凸显。学生也不需要像传统课堂教学那样，在固定的教室进行学习。学生可以根据自己的学习情况和需要，有针对性地在网络平台上学习。与此同时，有一些知识也不需要系统学习，针对某一个小的知识点或问题，学生可以从网上或目录中快速捕捉到解决方法。由此可见，这种学习方式具有很强的针对性。学生可以针对某一问题在网络平台上自主查找，自主学习，自主选择，改变了传统教学中学生被动接受知识的局面。

第二，从教师角度而言。微课是对传统教学模式的改革和创新，这种新型的方式，不受时间和空间的限制，学生可以随时随地进行学习，有利于学生的自主学习，确立了学生的主体地位。在微课背景下，教师可以充分利用丰富的微课资源进行教学设计，并在微课平台上与其他有经验的同行进行交流学习。尽管微课改变了以教师为中心的教学模式，但这并不意味着教师就不重要了；反之，教师在教学中仍发挥着重要的指导作用。教师还应该对学生在微课平台上的学习情况进行监督，必要时，教师也应该参与进去，与学生共同学习、交流和互动。此外，教师还应该及时发现学生的问题，并及时进行纠正和指导。总而言之，微课教学对教师而言，是一种挑战。教师应该不断学习、不断充实自己，只有这样才能更好地迎接微课带来的挑战。

（2）促进教师专业成长。微课作为信息化教学的重要组成部分，在学生学习、教师发展、教学改革、实践创新等方面起着不可替代的作用，这里主要结合教师的专业发展来探讨微课的价值。

第一，有利于提高教师的教学素质和专业素养。微课在具体应用时主要体现为两种不同的形式，具体包含以下方面。

一是具体而微的形式。纵观微课的整个教学设计和过程，它囊括了教学中的重点、难点和关键点，同时涉及完整的教学环节。微课中包括新课导入、知识点剖析、内容讲解、教学评价、教学反思、习题设计等，这些完整的教学环节有利于学生全面学习知识。然而，微课中很少包括学生参与、师生互动，它主要是体现教学中的重难点、体现教师的设计思维和理念，注重教学策略的融入。微课这种展现教师教学理念、教学设计的形式与说课有着相同之处。但是，与说课也存在着很多不同之处。从内容上而言，微课的内容更加具体；从教师方面而言，微课注重反映教师的理念。

二是微小的片段。一个完整的教学过程是由很多教学环节组成的，为了突出某个环节，设计者可以将某一环节录制成一个教学片段，这个教学片段包含的内容也有很多。例如，教师如何处理教学难点、如何突出教学重点、如何凸显教学技巧等。在片段的录制过程中，要遵循真实性的原则。

总而言之，在微课制作过程中，教师需要将教学的重点知识、难点重点、关键知识等融入微视频中，而且这个微视频通常是不超过 10 分钟的。与此同时，教师还要在微视频中突出教学目标。这对于教师的教学素质和专业素养有着很高的要求。因此，微课在很大程度上促进了教师教学素质和专业素养的提高。

第二，有利于提升教师的信息处理能力和水平。在微课设计与制作过程中，教师可以采用多种方式，最常用的方式有加工改造式和原创开发式。

一是加工改造式的对象是传统课堂，呈现方式是多媒体。换言之，就是对学校中已经存在的教学视频、教学课件等进行加工、整理、编辑等，然后融入一些其他的资源，进行提炼、压缩等处理，使之形成短视频。这就是微课的加工改造式过程。

二是原创开发式强调的是微课制作和设计的原创性，这种方式不仅有利于微课的原始制作，还有利于微课资源的开发。利用原创开发式制作微课视频，需要多种技术手段的支持。因此，教师应该在具体制作过程中，根据实际需要科学选择技术手段，从而保证微课的质量和效果。微课是一个教学载体，它承载着教学过程、教学目标、教学环节、教学内容等。因此，教师在制作微课时，不仅要考虑视频，还要考虑网络技术、学生因素等。只有综合各种因素，才能制作出优秀的微课，也才能为学生提供高质量的学习资源。在微课制作过程中，不仅需要技术手段，还需要保证软件的新颖性。只有具备较高信息处理能力的教师才能满足微课的技术要求和软件要求。由此可见，微课的制作在很大程度上能够促进教师信息处理能力的提高。

（3）指明教学资源建设新方向。传统教学也十分注重教学资源建设，但传统教学在建设教学资源时更加倾向于以课时为模块，这种教学资源的开发形式需要很长的时间，且涉及范围过于广泛。随着教学资源的发展，传统教学信息资源受到教育者的广泛关注，传统教学信息资源虽然比传统的教学资源有所改进，但是仍然存在很多问题。例如，教育者根据新课程标准，结合时代发展和学术潮流，进行传统教学信息资源建设，过度强调这种"大"环境对教学资源的影响，忽略了教学资源的具体应用，最终导致教学资源只符合新课程标准，不适应具体的教学情境。

教育教学资源建设旨在促进教育教学的发展。如果教育教学资源建设与教学应用相脱离，那么教育教学资源建设就毫无意义。只有将教育教学资源建设融到教育教学中，才能在一定程度上满足教育教学的需要。同时，教育教学资源也只有在教学应用中，才能生成新的教育教学资源，从而促进教学目标的实现。微课具有很强的针对性，它主要针对教学中某个知识点或某个环节，它的产生与教学中存在的问题密切相关。如果要想更好地使用微课，就应该注重微课的制作。微课制作包括很多方面的内容，如视频片段、教学目标、教学过程、教学反思、教学评价等。微课为学生提供的是一个"微"环境。这种"微"环境突破了传统教学的限制，为学生提供了随时随地学习的环境，这种"微"环境丰富了传统的教育教学资源，在很大程度上提高了教学效率。

（二）现代教育技术下的微课教学条件

1. 先进的教学理念

随着信息技术和网络技术的发展，信息技术和网络技术影响着社会的各个领域。尤其是对教育领域的影响更是前所未有的。随着网络信息技术在教育领域中的广泛应用，信息化教学应运而生。信息化教学是网络信息技术发展的产物，也是现代教育技术发展的必然。信息化教学的发展对教育改革和创新具有十分重要的意义。因此，信息化教学受到教育部门的广泛关注。

微课是信息化教学发展的结果，它作为一种新的教育教学理念，在教育教学中起着不可替代的作用。随着网络信息技术的迅速发展，世界各国之间的交流与互动日益频繁。世界各地的人们突破了时间和空间的限制，可以随时随地进行交流和互动。网络信息技术在教育领域中的广泛渗透，改变了传统的教学模式，教师教学和学生学习都可以不受时间和空间的限制，学生与教师之间的交流与互动可以在线下进行，也可以通过网络信息技术在线上进行。同时，在网络信息技术的影响下，教育教学模式不断改革和创新，一些新的教学模式也逐渐应用于教育教学中，如，翻转课堂、慕课、远程教学等。这些都为教师的"教"和学生的"学"提供了新的方式。

信息化教学使教师和学生的角色发生了很大的变化。教师不再是权威者，而是传授者、引导者、组织者、协调者、评价者、设计者、指导者；学生不再被动地接受知识，而成为教学的主体和自主学习的主体。与此同时，传统的教学模式已经不能适应信息化教学的发展，也不能满足当前学生的学习需要。移动化、碎片化的学习模式应运而生，这种学习模式在很大程度上促进了学生的学习。移动化强调的是突破时间和空间的限制，可以任意时间、任意地点进行学习。碎片化主要强调的是容量比较小，学习起来比较方便，这种学习方式是信息化教学发展的产物，有利于满足学生的学习需要；有利于适应当今时代的发展；有利于提高学生的自主学习能力和创新能力；有利于学生根据自己的学习情况自主建构知识。

微课具有短小精悍、目标单一、主题明确的特点。这些特点与当前提倡的移动化、碎片化学习的要求不谋而合。微课不仅容量小，所占的内存也比较少，而且能够以多种设备为载体，有利于学生随时下载、随时存储、随时学习。微课中的微视频还有暂停功能、快进功能、快退功能、回放功能。这些功能的存在为学生学习微视频带来了很大的方便。学生可以利用微视频的这些功能，反复观看微视频，将一些重点、难点、疑问等记录下来，与同学进行交流和讨论。同时，微课的载体设备类型众多，学生可以根据自己的情况选择合适的移动载体设备。

总而言之，信息化教学是信息化时代的一种必然趋势，它有利于教育教学模式的改革，有利于教育教学理念的创新，从而使教育教学模式和教育教学理念紧跟信息化教学的步伐，适应信息化时代的发展。微课是网络信息技术发展的产物。它需要先进的教育教学理念，只有这样，才能引领教育教学的发展。

2. 学生的自学能力

微课要想在教学中顺利实施，还需要学生具有较高的自学能力。微课应用于教学，有利于激发学生学习的兴趣；有利于调动学生学习的积极性和主动性；有利于提高学生的创造能力和创新能力；更有利于提高学生的自主学习能力，这是教学改革的必然结果。绝大多数学生都具有较高的自学能力，学生可以根据自身的学习情况和学习需要，通过微课来自主学习，获取知识。由此可见，学生的自学能在很大程度上促进微课教学的发展，而微课教学的发展与应用，也能在很大程度上提高学生的自学能力，两者之间是相互作用、相辅相成的。

3. 信息化时代的发展

如今是信息化时代，信息技术已经广泛应用于各个领域。在此背景下，无线移动网络的覆盖率也在不断增加。无线移动网络能为学生的学习提供便利。近年来，随着移动手机的不断更新和换代，学生利用移动手机进行学习成为一种必然。在信息技术、大数据、网络平台、云计算、应用软件等应用技术的推动下，移动终端实现了快速联网，同时它在教学中的应用也越来越普遍，这些都为微课在教学中的应用和发展奠定了基础。

在当今时代，现代教育已经意识到信息化教学，以及人才培养模式的重要性，并利用信息化教学促进人才培养模式的改革，从而为社会输送高质量的人才。如果要想实现信息化教学，就应该重视信息技术与课程的整合。信息技术与教学的有效融合，有利于提高学生的学习效率，有利于提高教学效果，更有利于实现教学目标。微课是信息化教学发展的必然趋势，将微课应用于教学中，必能促进学校教学的发展。微视频是微课教学的重要载体，微课教学的实施和发展离不开现代信息技术的发展。因此，学校必须为微课教学提供必备的现代信息技术支持，现在学校网络教学设备日益完整，网络信息化体系也日益健全，这些都为微课教学的顺利实施和开展奠定了基础。在教学中，教师可以鼓励和引导学生通过移动设备来观看微课视频，这样有利于促进微课教学的实施。

4. 现代信息技术的发展

信息技术已经广泛应用于各个领域，在此背景下，无线移动网络的覆盖率也在不断增加。无线移动网络能够为学习者的学习提供便利。随着信息技术的发展，信息技术对教育教学也产生了前所未有的影响。我国很多学校也意识到信息技术在教学中的重要性，并将信息技术应用于教育教学中。各个学校在利用信息技术辅助教学的同时，也开始重视信息技术与课程整合及信息技术与学科整合，这是教育信息化发展的必然。要想实现信息化教学，就应该重视信息技术与课程整合。近年来，教师也意识到现代信息技术在教学中的重要性，并将信息技术融入教学中。当前学生利用手机等移动设备进行自主学习的现象越来越普遍，在教学中，教师可以鼓励和引导学生通过移动设备来观看微课视频，这样有利于促进微课教学的实施。

（三）现代教育技术下的微课教学策略

1. 利用同伴学习的理论

要想提高微课的教学效果，起决定性作用的是学生的学习主动性，可以利用班级里担任着"领导"的角色人物，如班长、学习委员等，利用他们开展同伴学习。同伴学习不仅能激发学生学习的主动性，而且能提高学生的认知水平，同时也为学生的交往、互动提供了条件，提高了学生的交往能力。在优化微课教学效果时，可以先从这部分学生着手，利

用教师在教学中常用的"同伴学习"理论，由这部分学生带动学习能力偏低的学生，提高他们的学习主动性，配合教师在课堂上认真观看微课及在课余时间反复观看微课，从而优化微课在教学中的应用效果。

2. 加强对教师培训的力度

各个学校要主动组织教师参加微课专题培训，聘请专家团队给教师开设专业的微课制作指导培训课，也可派出教师到微课培训班进行学习，将以课程为单位的教师组成一个团队，从教学内容的设计到脚本的编写再到最后的后期特效，从头设计并制作微课。教师在微课培训中，可以学习到全国优秀的案例，可以整合区域内的优秀微课资源，结合本班学生的特点以及专业需求，加以改造，制作带有自己特色、水平较高的微课。教师可在培训中对制作的微课视频进行互相交流，在交流中学习，以此改进微课视频的呈现方式及促进微课内容的完善化发展。培训时先让教师进行微课实际制作，然后进行指导和提升，各个学校也可结合教师教学能力大赛、微课教学竞赛等赛项要求，锻炼教师微课的制作水平和运用能力。

3. 端正教师应用微课的态度

教师对微课的应用不应仅限于比赛、课题研究等，还在于日常教学，教师应该端正对微课应用的态度，注重微课内容与现实课堂之间的关系，提高课程日常教学效果。在日常教学中，应用微课可吸引学生的注意力，提高学生的学习效果，在应用时，将班级学生的个性特点融进微课视频里，培养学生的创新思维，学生的动手实践能力与成绩都会得到显著的提高。微课可以反复使用，长久而言可以减轻教师的工作量，提高日常教学效率。教师应加深对微课的认识和理解，把微课视为教学改革的一个有效手段，将微课与自己的教学改革联系起来，而不能仅仅将其视为辅助教学的一个工具，微课是进行教学改革的有效途径和切入点，这是现代教育技术下教学的必然发展方向。

(四) 现代教育技术下的微课教学实践

下面以英语教育教学为例，阐述现代教育技术下的微课教学实践。

1. 现代教育技术下的微课教学实践要求

（1）学校方面的要求。伴随着信息技术在教育领域的不断渗透，微课作为一种新兴的教学模式在各大学校推广开来，就当前取得的教学成果看，微课模式有着十分广阔的发展前景。过去，微课在各个学校教学中的应用表现出零散化的特点，只有少数教师在开展某些课程时应用这一模式，如今，越来越多的教师开始将微课与自己的学科教学结合起来，微课教学模式也逐渐变得规模化、集成化与具体化。为了进一步推动微课在实践课教学中的应用，学校要承担起相应的责任。

首先，保证微课教学有施展的场所，也就是建设更为完善的多媒体教室，配备更为丰富的多媒体设备。其次，由于视频是微课教学的主要资源，教师需要将制作好的教学微视频上传至教学平台，学生登录账号在平台中观看，这个过程离不开网络的支持。因此，学校要着力建设校园网络，让学生不论身处图书馆还是自习室，都可以随时观看教学微视频，学习其中的内容。最后，微课教学模式中，教学微视频的制作往往要耗费教师大量的时间与精力，如果教师将制作好的教学微视频上传至共享平台，此后其他教师讲授到相同内容时就可以借用这些视频资源，这不仅有利于减轻教师的教学压力，还能够促进教师团体之间的沟通与交流。

（2）教师方面的要求。微课应用于英语实践课教学，关键在于教学微视频，高质量的教学微视频才能促进学科教学的发展，因此，教师必须提高对自己的要求，从而制作出精良的教学微视频。

第一，英语教师乐于在教学中应用微课这是十分值得肯定的，与此同时也要意识到，长期以来，我国的英语教学都是在传统课堂中进行的，微课模式绝不可能取代传统的课堂教学，两者必须结合起来，各自发挥优势，共同致力于英语专业实践课教学的发展。

第二，微课教学模式是在教育信息化的背景下产生的，教师能否熟练应用相关信息技术成为微课教学的重要影响因素，所以，教师必须不断学习，从而提高现代信息技术的应用水平。为了弥补传统教学模式趣味性的缺失，教师需要制作出有趣的教学微视频——不仅画面生动，而且配音字幕使用得当，这就要求教师具备制作教学演示文稿（PPT）、使用录屏软件以及配备声音与字幕的能力。其中，声音的配备要求英语教师对教学内容逐一朗读，因为在英语实践课教学中，英语发音格外重要。学生在观看教学微视频的时候，大脑能够接收到良好的语言刺激，在此基础上进行跟读，才能形成正确的发音，养成良好的语言习惯。

（3）学生方面的要求。不论传统教学模式还是微课教学模式，教学服务的对象都是学生，教学所要达成的目标也都是提高学生的学习效果，所以，任何一种教学模式都要注重学生的作用，为学生创造良好的教学环境，调动学生的学习积极性，这也是微课教学的应有之义。在基于微课的英语教育实践课教学中，学生更乐于在课前和课后观看教学微视频，这两个阶段的学习都没有教师的参与，因此，需要学生发挥主观能动性，开展自主学习。

在课前预习环节中，面对未曾学过的知识点，学生要表现出精力高度集中的学习状态，有目的地观看教学微视频。视频观看完毕后，回想自己学到了哪些知识，存在哪些不懂的问题，这些问题哪些需要与同学探讨，哪些需要向教师请教。另外，为了检测自主学习成果，学生需要完成教师设置的配套练习，这样才能明确自己的学习情况。在课后复习环节中，学生借助教学微视频查漏补缺，对于自己的薄弱之处多次观看教师的讲解，从而全面掌握课堂教学内容。除此之外，微课也可以在课堂教学环节中应用，只不过大多数学生认为，课堂要以聆听教师的讲授为主。其实，在课堂中播放教学微视频能够调动学生参与教学活动的积极性，有利于提高学习效率。

英语教学的实践性本身就很强，英语教育实践课教学更是如此，实践课开展的目的就是促使学生在扎实掌握语言知识理论的基础上，形成语言实际运用的能力。在微课教学视频的辅助下，学生可以跟读，并反复练习相关句型和技能，正所谓熟能生巧，大量的练习必然能够帮助学生获得许多英语实践运用的技巧。总而言之，学生必须成为一个自律的人，用良好的自主学习习惯收获更多的英语学习成果，也让微课教学体现出其存在的价值。

2. 现代教育技术下的微课教学实践应用

（1）微课在自然拼读教学中的应用。自然拼读法是在英美基础教育阶段语言教学的一种教学方法。此方法是通过建立英语单词中音、形、义的关联，让学生较快掌握发音规则和拼读技巧，提升学生阅读能力和理解能力，最终实现自主阅读。我国学生学习自然拼读除了达到以上目的外，更需要借此来丰富和增加学生的语言信息输入，弥补我国学生学习英语过程中语言环境的不足这一主要问题。

第一，利用微课指导课前预习，让学生养成自主学习习惯。教师制作预习材料的微课前要充分考虑以下问题：①考虑学生的特点，学生有怎样的知识基础，对自然拼读有怎样的认识，对自然拼读和汉语拼音的区别与联系有没有了解等。②考虑教学目标和教学内容的契合，是学习单音节"辅音+元音+辅音"（CVC）结构的拼读规则，还是学习"辅音+元音组合+辅音"（CVVC）结构的拼读规则，或是拼读训练课程。③考虑教学方法，根据课程内容和学生特点，选择歌曲、游戏还是故事进行教学，对以上的相关资源如何整合等。

第二，利用微课，打造高效课堂，培养自主学习策略。英语课堂是学生学习自然拼读法的主阵地，教师应利用好有限的课堂时间，充分调动学生学习的积极性与自主性，发挥课堂的最大作用，创设良好的语言环境和提供大量的语言实践机会，引导学生掌握拼读规律，形成有效的学习策略，为学生的终身学习和发展奠定良好的基础。如何利用微课辅助课堂教学，找准微课与自然拼读课堂教学的切入点是关键。

（2）微课在词汇教学中的应用。

第一，以精简的词汇教学，激发词汇学习热情。微课教学模式有短小精悍的特点，此特点正与学生的学习特点相符合，它能够在最短的时间内吸引学生的注意力，激发其学习兴趣，进行更为集中性的学习。在实际的英语词汇教学中，教师需要根据"教"与"学"的实情对教学内容进行有效精简，以此来激发其英语词汇的学习热情，提高词汇学习的效果。在词汇教学运用微课教学模式之前，教师必须做好充分的准备，要精心挑选词汇教学内容，提升词汇教学的趣味性。教师在教学中采用精简性的词汇教学方式，能够提高学生对词汇学习的热情，这能使学生在极短的时间内理解并记忆已学的词汇，构建更为完整的词汇知识体系。

第二，便利凸显重点，提高词汇教学效率。微课之所以成为"微"课就是因为视频较短，一般不会超过10分钟，在精短的视频中，难以将全部的内容都容纳进来。因此，教师在进行词汇教学的过程中，必须对重难点的词汇进行挑选，以便凸显词汇教学的重难点，并以此为基础设计各环节的实践教学活动，提升微课词汇教学的质量。在词汇重难点的选择方面，教师通常是以频率来判断的，如在学习相关内容时，若干英语词汇出现的频率较高，这时教师就可以针对这些词汇制作短视频，有针对性地进行讲解，这样既能缩短词汇教学时间，还能让学生用掌握的词汇技巧来进行词汇学习，能够取得事半功倍的词汇教学效果。

第三，利用现代化手段，增强学生对词汇的理解。传统的讲解、记忆词汇教学模式已经无法完全满足学生的实际词汇学习需求，微课教学模式具有较强的灵活性、趣味性及有效性特点，教师需要加强对微课教学模式的进一步创新，以便于学生更具针对性地理解所学内容，构建完整的知识体系，吸收与消化英语词汇。英语教材中有大量固定搭配性的词汇实践教学内容，针对这些词汇的学习，教师制作的微视频可以从简单的记忆，向词汇语句翻译过渡，并适当调整课堂问答的内容，促进学生顺利地掌握及灵活应用固定搭配，提高词汇学习的效果。

第四，观看微课视频，使学生积累英语词汇。英语水平的提高，除了学生日常好好听讲之外，还需要学生主动地进行课外拓展阅读。微课视频能够帮助学生提升语言素养，提高写作能力。例如，学生都喜欢看电影和动画，就是因为电影和动画片是动态的，人物的设定和说话的语气都符合学生的心理，并且电影具有情节性，更会抓住学生的兴趣。因此，教师就可以抓住学生这一心理，选择生动的电影视频作为微课视频进行播放，增加语言信息可理解性输入。

第五，使用微课便于创设具体情境。学生英语能力的取得需要扎实的基础，需要能够牢牢地掌握足够数量的英语词汇，因此，微课可以很好地帮助学生提高这种能力。英语教师在上课之前要做好充分的准备，制作微课时要注意设计和收集一些能够与学生的生活环境贴切，尤其是其比较熟悉的真实场合，并且能够调动学生学习的积极性，吸引他们的注意力。教师要善于利用微课将学生脑海中的意识和认知，转换到现实生活中的真实场景，不断满足学生的好奇心以及喜欢探索未知世界的心理。由于有了这种前所未有的体验，学生会对学习词汇产生兴趣，以一种轻松愉快的方式牢牢掌握词汇，还能提高学生的英语口语能力。

总而言之，在互联网时代信息技术飞速发展的背景下，微课已经成为英语教学的模式之一。在微课教学中，微视频使得原本枯燥乏味的词汇学习变得生动有趣，学生可以在这样的学习环境下深化对英语词汇的理解，增强对英语词汇的记忆。英语教师将各种词汇学习的技巧展示在教学微视频中，学生在了解并掌握这些技巧之后，英语词汇学习的效率自然得到较大提高。因此，在实际的英语词汇教学中，教师需要对这种方式进行深入性分析与研究，为学生后续英语学习之路的顺利推进奠定基础。

（3）微课在口语教学中的应用。在英语口语课堂教学中应用微课，主要包括课前、课中、课后阶段的应用。

第一，课前引入微课教学。课前预习阶段是微课发挥作用与价值的重要阶段。基于微课的教学模式，英语教师可以事先将教学微视频发送给学生，学生跟随教学微视频的节奏，完成本堂课的口语预习任务，从而为口语课堂教学的开展奠定基础。为了保证微课在英语口语教学中的效果，教师应制作精良的教学微视频。在教学微视频中，应当着重突出课堂教学的主题，并把教学目标、教学重难点等内容明确展示出来，这样学生能够有的放矢地开展自主学习。教师要注意将视频时长控制在 10 分钟左右，从而不至于引起学生的疲劳与反感。此外，注意微课教学视频中的英语发音要做到口齿清晰，让学生能够模仿并学习。

微课教学视频制作完成后，英语教师可以将其上传至网络教学平台，一方面，学生能够根据自己的需要随时观看教学视频，对于难以掌握的口语知识点反复观看，实在理解不了的内容则要及时记录，以便在课堂教学中向教师寻求帮助；另一方面，其他教师也可以借鉴此教学视频，这种教学资源的共享能够无形中缓解英语教师的教学压力，让其有更多时间对学生开展针对性辅导。

第二，课中应用微课教学。英语口语教学的课时有限，将微课模式应用于口语教学中能够在一定程度上解决这个问题，因为在教学视频的辅助下，课堂教学时间得到了优化。在课中应用微课教学，教师只需要将时间花在为学生讲解重难点内容上即可，其他容易理解的知识学生可以通过观看教学微视频掌握。此外，微课模式还使得英语口语教学的实践性有所增强，学生获得了更多的口语练习机会，日常交际、求职问答等均能在课堂中加以训练，学生的口语表达能力也能够得到提高。

第三，课后练习应用微课巩固复习。英语口语教学质量之所以提升较为缓慢，原因之一就在于学生的课后巩固与复习效果不佳。将微课应用于学生的课后练习中，学生可以通过观看教学视频完善自己的口语知识体系和人机对话练习，并尝试将知识点以灵活的方式应用到日常交际中，能够在无形中优化学生口语学习的效果。

二、现代教育技术下的慕课教学

随着网络技术的广泛应用，人们的生产生活模式、知识的传播方式以及获取方式都发生了巨大的变化，慕课作为信息时代一种全新的课程资源，其出现顺应了当前我国教育信息化教学改革的大潮。慕课教学是信息时代出现的一种新的教学方式，如今各国都已经开始使用慕课教学，这也是"互联网+教育"的主要方式。对于学校教学而言，传统的教学方式已经无法满足现代教学的需要。因此，慕课就成为我国教学改革的一种新出路。

（一）慕课教学的特征与类型

慕课（MOOC）是一种在线课程，它具有大规模、开放性，它的音译名为慕课，慕课的大规模一般体现在 3 个方面：①从课程内容上而言，其非常多且杂；②从服务对象上而言，接受服务的学生数量非常多；③从影响力上而言，世界上任何一个角落里的人都可以学习该课程。

"M"就是 Massive 的首字母，该单词的意思为大量的、大规模的，这里的"大"不仅指注册课程的人数多，而且还指课程资源的丰富性，不过需要指出的是，"大规模"是相对的；"O"就是 Open 的首字母，该单词的意思为开放的，"开放"主要包括两部分的内容：①学习空间开放，不仅在校学生可以利用慕课课程学习，社会人员也可以利用慕课课程学习；②学习资源开放，所有人都可以自行下载课程资源，且课程是免费的；"O"就是 Online 的首字母，该单词的意思为在线的，"在线"是教师的教学、学生的学习、教师的监控评价等，都可以在互联网上实施；"C"就是 Course 的首字母，该单词的意思为课程，课程的内涵十分丰富，不仅包括各种主题提纲、教师讲授内容视频，而且还包括学习资料、学习注意事项等。

慕课就是一种十分开放、规模较大的网络课程，它与传统的远程教育存在明显的差异，更是与教学视频网络公开课的特点不同，所以，认识慕课有助于了解其本质。慕课是门种十分依赖网络的课程，对于传统课程而言，慕课具有以下方面的差异。

第一，慕课在开课之前需要进行详细的计划，确定教学目标。教师先制作一个简单的课程描述，如课程中的重难点、课程的进度等。学生在慕课开始之前还需要注册一个专门的账号，使用该账号就可以登录慕课平台进行学习。

第二，在一个教学模块中，将整段的教学视频分成一个个 10 分钟左右的小视频，这样可以将一个大的知识点分成一个个小的知识点，学生通过 10 分钟视频的学习能够学会一个小的知识点，可以保证学生在较短的时间内集中注意力，使学习效率达到最高。

第三，教学视频是一种专门为慕课进行制作的视频，而不是将课堂教学或者会议研讨等录制下来的视频。

第四，在慕课的教学视频中包含一些回顾性测试，这是为了使学生在学习完一个小视频的内容之后进行检测，回答正确问题才可以开始下一个视频的学习；如果回答不正确，那么就要继续观看答错的知识点的视频，这样是为了使学生在学习完一个知识点时及时巩固，从而奠定坚实基础。

第五，在慕课视频平台中，除了观看视频之外，平台中还有作业提交区和展示交流区。这样可以使学生在观看完视频之后，及时完成作业，并且遇到不懂的问题还可以互相讨论，从而解决自己在视频观看过程中遇到的一些问题。除此之外，慕课还有一些线下交流会的设置，一些对某个知识感兴趣的学生可以参加线下交流会来相互讨论，相互学习。

1. 慕课教学的特征

（1）大规模的特征。大规模不仅是学生的数量，也是课程资源的丰富程度。由于信息技术的发展，慕课学习的学生越来越多，每个慕课学习平台上每天进行学习的学生成千上万。从形式上看，它的课堂规模大，上课地点不固定，可以随着每个学生而转移变换；它的时间也不受限制，可以是任何时间。所以它的时空呈现前所未有的广泛性。此外，从内容上而言，它的参与者、受众范围也十分庞大。

第一，课堂人数数量大。由于慕课采用在线学习的方式进行教学以及学习，突破了传统课堂教学地域空间和时间的限制，可以实施全天候跨地域学习，可以把碎片化时空转变为课堂进行教学，这就使得每门课程可以容纳大量的学习群体，再加上网络技术和大数据技术使信息处理实现了质的飞跃，这也使课堂管理和考核有大量的学生参与进来。所以，课堂规模是传统教学所无法想象的。

第二，受教育群体范围广泛。慕课的初创理念就是让世界上最优质的教育资源传播到世界上最偏远的角落。全世界的人无论年龄、性别、职业等都可以注册学习。这种开放性教学模式使得参与群体得到质的飞跃，这也是慕课同传统课程以及远程教育的最大区别。

由于慕课推行的免费教育理念和参与门槛比较低（大多只需要注册），使得非学校的学生甚至不同职业和年龄阶段的人群，都可以加入进来进行在线学习，所以慕课参与面十分广泛。因此，可以说慕课是一种巨型的课程。

（2）自主性的特征。慕课的教学方式完全颠覆了以往传统的教学模式。在慕课教育中，学生的中心地位得到了突出，学生在课堂上不再是消极的、被动的，而是积极的、主动的，教师在其中只是适当地发挥指导作用，引导学生整理知识信息，完善知识系统。

慕课可以帮助学生自主选择学习资源，因此有利于学生自主学习能力的提升，同时，学生这一能力的提升也可以使其更加自觉地学习，也能完成知识的内化。在慕课教育平台上，学生一方面通过课前预习完成对自主学习的自我测评，从而在课堂上更有针对性地学习；另一方面其还可以与同学互相讨论，充分发挥学习的自主性，完全把握自己的学习进度与学习状态。

（3）开放性的特征。慕课的开放性主要体现在慕课平台建设的开放性、课程学习的开放性和学习资源的开放性等方面。慕课的大规模性依赖于慕课平台的建构，慕课刚诞生时，还没有慕课平台，开放性也受到限制，但是随着慕课平台的建立、免费和资源共享理念的建构，慕课的开放性特性得到空前发展。

慕课的出现突破了学校对课程和学习资源的垄断状态，使所有的课程和学习资料变成开放共享状态。第一，课程注册开放。全世界的人都可以利用该平台注册学习，不论年龄、性别、职业等。第二，学习时间开放。学生可以根据自己的课余时间安排学习，不再局限于校园内的上课时间，也不再局限于学龄阶段。第三，课程内容开放。只要注册了，就可以选择学习平台上的任何内容，并且不再有其他任何限制条件。第四，学习地点开放。学生不管身处何方，只要有上网终端，就能实现在线学习，而不必局限于传统的校园和教室。第五，学习评价开放。一般采取智能评价系统或者学生互评的评价方式考核学生的成绩。

（4）非结构性的特征。近年来，慕课研究成为学界研究的特点，基于此，不少学校也开始行动起来，纷纷引入慕课平台，对慕课进行有效推广，这为学生的学习提供了更加便捷的渠道。需要指出的是，基于网络技术而形成的慕课与传统教学之间其实有着密切的联系，慕课给学生提供的是一种适合碎片化学习的环境，这种碎片化的知识就凸显了慕课的非结构性特点，学生可以自由地选择自己想要学习的内容，而对于传统教学而言，其着重点是通过科学、系统的教学设计完成对人才的专业化培养，重视学生知识体系的建构。慕课融入传统教学，对于传统教学而言，这有利于丰富传统教学的手段，而对于慕课而言，这有利于进一步推动慕课的实施与研究。

2. 慕课教学的类型

（1）基于关联主义学习理论的 cMOOC。互联网不仅是一个媒介，而且是一个全新的空间，cMOOC 是一种基于关联主义支持下形成的教学模式，这种教学模式改变了以往学生被动接受知识的局面。人们都生存在客观世界中，不同的人对世界的认知不同。因此，有的人对客观世界的认知产生了偏差，这样就需要接受正规的系统教育来正确认识世界。

对于学生而言，应该主动地去构建知识，教师也应该从以往对学生的知识灌输变成知识的引导者和发起者。学生在学习中养成自觉学习的好习惯，才能为自己的全面发展找到合适的道路。cMOOC 教学主要是为了培养在信息技术支持下的网络知识人才，通过 cMOOC 进行学习的人可以形成对数字信息的敏感性，并且在学习中主动建构自己的知识体系，乐于创新知识。在 cMOOC 教学模式中，学生可以形成良好的信息组织能力，但并不是每个学生都可以形成这样的能力。因此，学生在 cMOOC 教学中集中注意力，沉下心去学习是十分必要的。

（2）基于行为主义学习理论的 xMOOC。xMOOC 是基于行为主义学习理论的大规模在线开放课程，在 xMOOC 教学中，教师将自己的教学计划发布到平台上，学生可以根据自己的兴趣选择自己喜欢的一门课程。在选课之后，在 xMOOC 教学平台上有课程开展的时间和进度。学生可以根据教学计划来安排自己的学习时间。教师在制订教学计划后，会提前将课程的视频上传到教学平台。xMOOC 教学视频是教师特意准备的，并不是将一些录制好的课程拿过来直接用。

xMOOC 视频是由一个个小的视频组成的，不同慕课视频的时长都控制在 10 分钟以内。在学生完成一个 xMOOC 视频学习之后，在视频的结尾有教师设置的问题，只有答对了这些问题，学生才可以开始下一个视频的学习，否则只能重新学习。完成一个知识的学习之后，教师会布置相关的作业，学生需要在规定的时间内完成作业，否则系统就会自动判定为零分。作业提交之后由学生进行互评。

在学生互评之后，教师再进行审核，然后确定最后的分数。在结束一个课程的学习后，接下来就是期末考试，学生在 xMOOC 平台上学习，接受网络考试。但是，这种考试方式存在作弊的问题。为了减少学生作弊的情况，学校可以实行线上学习、线下考试的方式，这就使得学生在考试时作弊的情况极大降低。

无论是 xMOOC 还是 cMOOC，最终都需要以人本价值为根本观照，因为无论是实体思维、过程思维，还是跑道、奔跑的过程，xMOOC 与 cMOOC 均具有连续性、互补性与内在统一性——连续性是指二者一脉相承，均具有开放性、大规模的特征，学习者均可以基于互联网技术的载体形式参与课程活动；互补性是指二者在课程目标的确定、课程内容的设置、学习过程、课程评价的实施等方面具有互补的开展方式，即 xMOOC 侧重于课程要素元叙事的具体操作程序，而 cMOOC 侧重于理解与解读，是在课程元叙事基础之上的意义理解；内在统一性是指在 xMOOC 中包含着 cMOOC 的对话与理解，cMOOC 中也包含对 xMOOC 事件理解的新意义，故二者均统一于主体性的人本价值。

同时，实践中"广泛传播""难以推行"的现象也警示我们：cMOOC 在开展形式上需要向 xMOOC 靠拢，而 xMOOC 需要朝向 cMOOC 的方向改革。课程是一种文化性存在，无论是"开发"还是"理解"，都是时代的产物，均有其存在的合理性。慕课实施既需要秩序、规范与控制，也需要变异、批判与创造；既需要静态"跑道"，也需要动态体验与反思、交往与创生；xMOOC 需要超越与修正，cMOOC 也需要结构与补充。两级化的破冰之行需重新回归二者的原点：cMOOC 与 xMOOC 之间的张力最终统一于人本价值的互动、关系、意义与过程之中。大规模的学习交互、信息聚集、开放的复杂网络学习环境等，使慕课学习过程具有复杂性、动态性、开放性、非线性等特征。面对人本价值的目的，需要用一种整体的、有机的视角全面审视慕课，超越 xMOOC 的线性表征，并走向层层递进的融合状态，从而避免慕课的两极化发展。

（二）现代教育技术下的慕课教学作用

1. 有助于能力培养平台形成

如今，在很多学校中使用一些开发好的慕课平台，这些学习平台中包含很多学习资源，可以为慕课教学提供很多服务。随着科技的发展，教学平台的建设也逐渐完善起来。在慕课平台上，有很多与专业有关的知识，学生可以结合自己的专业学习相关知识。因此，慕课为专业能力的培养提供了一个平台。

2. 有助于完善教学的模式和内容

（1）完善教学模式。教师主要将课程内容制作成视频以供学生观看。教师设置的问题学生如果不能想到答案，可以通过慕课平台的交流窗口进行解释，从而引发学生深入思考问题。教师和学生之间就疑问进行交流，可以引发学生的求知欲和好奇心，从而使学生在接下来的学习中保持高度的热情。

（2）丰富教学内容。慕课教学由信息技术做支撑，教学资源特别丰富，因此，它可以满足不同学习个体对知识的个性化需求。在慕课平台上，学生可以为自己创设一套独一无二的课程模式，人们既可以选择自己感兴趣的课程，也可以根据自身的学习能力，或是职业规划进行具体的课程选择，学生的自主性增强了，其可以自由掌控学习内容与学习进

度，这在最大限度上满足了学生的个性化需求。除此之外，学生还可以借助慕课平台向教师寻求指导，教师要有耐心地对学生的问题给予解答，与此同时，当发现学生不在学习状态时，则需要及时提醒学生。因为每个学生的学习情况不同，个体差异非常明显，教师在教学过程中，要尽量做到因材施教，从而提高学生的学习效果。

3. 有助于促进教学手段的多元化

在教学模式中，不同的教学模式对于教学产生的效果是不一样的。传统的教学模式为教学带来一些影响，这种教学模式将会把教师放在主导地位，因此，学生只是被动地接受知识。为了改变这种教学模式，慕课是一种非常好的方式。慕课本身具有较大的互动性和开放性，这种特性可以使学生和教师之间的交流变得更加方便，是对传统教学模式十分闭塞的改变。

在这种新的教学模式的指导下，学生的主体地位得到提升，教师在教学中的角色得到极大的改变，成为学生的指导者和教学的设计者，学生自身成为学习的主人。在学习过程中，学生观看慕课视频，事先对所学的知识进行预习，这就使学生的学习没有了课堂的限制，从而充分利用碎片化的时间进行学习，慕课的学习方式突破了传统教学模式对时间和空间的限制。

4. 有助于提高学生学习的乐趣

传统课堂一直都是以教师为主导的，教师向学生传递统一的内容，同时课程进度也比较统一，这让学生的学习兴趣较低。慕课则将传统课堂的局限彻底突破了，它可以运用声音、图像等将知识呈现出来，这让学生可以了解到更加直观的知识，从而有利于其学习。

以往学生无法自主选择学习的知识，教师是知识的传授者，学生是知识的接受者，教师主导学生的学习进度，而慕课则给予学生较大的自主权，在慕课模式下，学生的潜能被激发了，思维更加活跃，学习也成为一种发自内心的自觉行为。而当学习是出自学生的兴趣时，学生才能真正投入学习中享受学习，并最终获得扎实的知识与较高的技能。

5. 有助于丰富学生的知识储备

在传统的课堂学习中，学生能利用的课堂时间是有限的。但是，慕课的出现就解决了这种问题，慕课在教学中主要使用网络平台，这种教学模式可以使学生随时随地学习，扩展了学生学习的范围，对丰富学生的知识十分有利。

（三）现代教育技术下的慕课教学机制

1. 构筑慕课联盟平台

慕课给当前的教学带来了新的机遇和挑战，当前我国也有很多的学校开设了自己的慕课平台，有些课程也获得了很高的点击量。在信息技术深入发展的当下，更多的学校也应该积极投身慕课平台的建设。校际应该秉承团结合作的原则，以不同的学校类型或者不同的区域等作为划分，共同构建慕课联盟平台，研发出精品课程，从而让学生可以接受本校之外的优质教学资源，缩小不同地区之间的教育差距，真正实现教育的流通与共享。

慕课具有开放性，这是由于慕课课程具有共享性，这也是很多学校积极搭建慕课平台的初衷。随着时间的推移，越来越多的慕课平台得以出现，在组建慕课平台的同时，就应凸显出自己的核心专业以及特色课程的建设，集中优秀教师力量进行课程的开发与录制，争取创建出一大批优秀的课程，并且积极传播这些优秀的教学资源。学校在打造慕课课程的过程中，其自身肯定会获得一定的提高，并且这些课件通过在慕课平台的共享，也会逐步吸引更多人的关注，这显然能为学校树立更好的形象，同时也能让学校在教育领域获得一席之地。

2. 开放式的课堂教学

对于我国教学而言，也可以实施开放式的教学模式，将线上与线下教学结合起来，让传统的课堂获得新的意义，从而实现新式教学与传统教学的互补，提高教学效率。开放式课堂是在现有的学校体制下，将慕课平台与课堂教学进行了融合，让学生在原有知识结构的基础上实现了学习方式的创新。

学生可以在慕课平台上选择合适的学习资源进行自学，将理论知识巩固好之后完成后续的检测，与此同时，学生可以随时与同伴开展在线交流，并向教师反馈自己的学习状况，在教师的辅助以及引导下，学生就可以完成知识的内化。在慕课视角下，开放式课堂显然能激发出学生学习的主动性，因为在慕课平台上，有海量的优秀视频资源可以供学生选择、学习，并且也能培养他们的思辨能力、创新精神。

（1）开放式教学的类型。可以把传统的课堂看作"线下"教学，将基于慕课平台开展的教学看作"线上"教学，这两者共同构成了开放式课堂，从本质上而言，开放式课堂就是传统教学与慕课平台的有机结合。

第一，线上教学。在慕课平台上，学生可以自主选择课程进行自学，他们的学习过程可以简单概括为四部分：观看视频、完成练习、在线交流、信息反馈。慕课平台的意义可以得到延展，不仅涵盖传统意义上的慕课平台，还可以包括各学校自主搭建的慕课平台，研发的各类网络资源学习平台也扩充了慕课平台的范围。除此之外，学生应该认真对待慕课平台的学习，不应将其仅仅看作预习环节，这与翻转课堂课前观看视频是截然不同的，在慕课平台上，学生应该集中精力将涉及的知识点进行全部内化。

第二，线下教学。在线下，学生是带着"准备"去上课的，教师也是带着"准备"去授课的，这种目的明确的教学显然能达到很好的教学效果。学生的"准备"涵盖两方面的内容：①学生对课堂要点已经进行了深入学习，是带着对知识的理解来上课的；②在学习的过程中，学生有了一些收获，同时也会有一些疑惑，这些成果与疑惑都是"准备"的内容。

对于课堂教学而言，教师的"准备"就显得更加重要，在课前，教师需要收集学生在慕课平台上遇到的知识点，并且提前做好知识点的整合等工作。在授课的时候，教师需要将这些疑难点进行合理安排，并设计丰富多彩的课堂活动让学生能够讨论这些话题，这样就可为学生构建出高效的讨论氛围，教师就能真正发挥出课堂引导者的作用，当学生需要帮助的时候，就可以给他们提供合适的帮助。此时，应该突破传统课堂的布置模式，采用一些新颖的布置格局，如圆桌式等，有利于教师照顾到所有学生，并能及时解答学生的提问，这也可以创造出一种更为轻松愉悦的氛围，从而给课堂增色。

（2）开放式课堂教学的意义。

第一，有利于实现学习过程的循环。在开放式教学模式下，教学的场所更为多元化，学习过程与以往相比也有了很大的变化，一些理论知识等方面的内容可以放到课后让学生自己去消化，在课堂上，师生能有更多的时间坐在一起进行知识的探究，如果遇到问题，就可以得到及时解决。

第二，开放式课堂教学营造了更和谐的师生关系。学生在线上进行学习的时候，如果遇到不懂的问题就可以在讨论区与同伴或者其他人讨论，这样有利于疑难问题的解决。同时，由于慕课资源是比较开放的，学生可以将不同的学习经验告诉教师，也可以启发教师进行课程教学的优化，从而有利于慕课平台的发展。所以，学生完全可以在交流区畅所欲言，从而让教师更好地了解学生学习的现状。学生在线下学习的时候，教师就可以将所学的知识进行搜集整理，并且提前构建课堂情境，尽量为学生提供一种比较舒适的交流氛围，这样就能让不同学生的思维得到碰撞。在开放式课堂下，学生有了更多与教师进行交流的机会，所以一种更加和谐的师生关系被构建了出来。

3. 多元化评价标准体系

课堂教学也需要有合适的教学方法与之相匹配，通过对教学质量进行评价，可以促进教学向着更为高效的方向发展。与传统课堂相比，开放式课堂有了更为多样化的选择，因此，在进行评价的时候也应该选择多样化的评价体系。

（1）教师教学的评价。与传统课堂相比，开放式课堂教学的评价主体更加多元化了，因为课程是开放的，所以只要是学习课程的人都可以对课程进行评价。第一，教师可以从注册人数上看到学生对课程的认可程度，如果注册的人数很多，那么显然有更多的人喜欢这门课程；第二，学生应该按照教学的进度在一定的时间段内完成调查问卷，这样就可以反映出教师的教学状况；第三，慕课拥有讨论区，教师也可以从讨论区中看到学生的评论。

（2）学生学习的评价。在传统课堂教学中，纸笔考试是评价学生最为合理有效的方法，多样化课堂教学的开展也为评价提供了更多可能，这显然有利于形成性评价的开展。通过分析现行的慕课平台，对学生的考核主要是通过线上与线下两方面实现的。在线上，通过测评其客观题的答题情况查看学生知识的掌握情况；在线下，还是通过安排统一考试的方式，以教师评价以及学生自评的方式开展。对于不同部分评价在总评价中所占的比例，可以由教师自主决定。

4. 构建三元策应的机制

（1）学校层面。

第一，制定慕课联盟平台建立制度。慕课联盟平台是一个大型的平台，它的建立和运用需要多个不同学校之间加强合作才能实现，这个平台的建立能够使多个学校都受益。对于我国学校而言，一定要采取必要的措施来管理和规范慕课联盟平台，从而协调解决一些常见的问题，从宏观的层面监督慕课联盟平台的运行。

第二，制定学分互认互换细则。慕课是一种开放式的课堂形式，因而其可以在一定程度上实现学分的互认互换，这就需要学校层面的有关部门根据实际情况制定详细的操作细则，从而确定具体的学分互认互换策略。

第三，关注传达动态信息，统筹管理。在教学中，慕课为学生提供了一种开放式的学习课堂，这种教学模式对我国传统的教学模式产生了一定的冲击，这也促使教师要开始转变自己的教学方式，改变自己的教学思想，从而拓宽自己的教学思路。很明显，从学校层面进行分析，慕课联盟平台的构建与运行以及慕课的实施，这些都离不开学校管理层的支持和管理，因而，各个学校的管理层相关人员都需要时时关注学校的动态信息，从而根据大环境的变化作出调整，并积极应对问题。例如，学校的相关管理人员应该经常上网关注慕课平台的详细情况，更应该加大对本校慕课联盟平台建设的关注力度，并积极听取不同领域的专家、学者以及学生对该平台建设提出的有价值的建议等，从而使学校的慕课发展更加顺畅。

（2）教师层面。

第一，积极转变教育观念。慕课，是一种十分先进的教学理念和教学模式，慕课也给中国的传统教育模式带来了很大的影响，因而从教师的层面进行分析，教师也要作出相应的调整和改变。教师要做的就是更新自己的教育理念，即教师在教学中要转变自身角色，要用科学、客观的态度来对待慕课，从而加强自身的学习，确定正确的教育理念。

第二，掌握信息技术手段。目前，很多学校都尝试着把先进的现代教育技术引入教学中，这就对教师提出了较高的要求，它要求教师一定要学习和掌握一定的信息技术手段，这样他们才能在教学实践中得心应手地运用这些教育技术。慕课就是一种先进的现代教育技术，它的本质就是一种大规模开放性的课程，它的运用离不开计算机，因而教师一定要学习和掌握计算机的基本操作，掌握一定的信息技术理论和实践知识，从而更好地指导学生的学习活动。在现代社会中，信息化教学给很多学校带来了较大的影响，很多教师都把多媒体设备和教育技术引入教学中，他们已经在课堂中比较少使用黑板等传统媒体开展教学，由此可见，教师学习和掌握信息技术的重要性。此外，在教学中，很多学校都会根据实际的情况要求教师参与慕课的建设和制作，这也是对教师信息技术的一种挑战，需要教师调整心态、积极配合完成。

第三，提升教育教学能力。虽然慕课是一种开放式的课堂，然而教师在慕课教学中依然发挥着重要的作用。需要强调的是，在慕课教学中，教师对学生的学习起到引导和帮助的作用，这就更需要教师不断提升自我，在慕课教学中游刃有余地指导学生开展自主学习，为学生提供更加优质的慕课资源，并教会学生利用慕课开展自主性学习。

第四，准确定位自身角色。在慕课这种开放式的教学中，教师一定要明确自身的角色定位，这样才能更好地指导学生的学习，即教师是一种引导者和合作者的角色。对于教师而言，他们不仅在教学过程中运用慕课，也会参与学校的慕课制作，因而教师会是合作者的角色。在慕课教学中，教师的地位提升了，教师的工作也变得更加多样化，具体表现在：①学生自主地利用慕课开展学习活动需要教师的及时指导，教师需要教会每个学生学习的方法；②教师需要根据学生的自主学习反馈情况进行总结，并根据学生的学习情况创设一定的学习情境和探究性的活动等；③不同学生的学习水平有差异，教师要给予这些学生不同的指导；④当学生已经学习完相关的慕课课程之后，教师需要对各项知识点统一进行梳理并使学生在头脑中形成知识的体系。由此可见，在慕课教学中，教师发挥着不可替代的作用，教师是课堂的主导，学生是学习的主体。

（3）学生层面。

第一，提高资源选择的能力。对于学生而言，他们通过学习这种开放式的慕课课程不仅能够学习很优质的课程资源，还能够通过慕课学习掌握一定的自主学习能力，这种能力对学生将会产生深远的积极影响。从理论的视角进行探讨，慕课能够为学生的学习提供多样化的优质学习资源，这样学生就具有了比较大的选择空间。学生在选择教学资源的过程中需要教师的耐心指导，这个过程也能够逐渐提升学生的资源选择能力，这对于学生将来的工作也是十分有利的。在信息技术时代，每个学生在日常生活中都会接触到网络，都会接触到大量的信息资源，如何在大量碎片化的信息资源中找到对自己有用、有价值的资源是一项技能，它考验学生的信息分析能力、专业能力以及判断力等综合能力。

第二，领会自主学习方法。在开放式的慕课教学中，学生需要根据自己的学习需求选择适合自己的学习内容和方法等，这样学生就需要主动思考，主动来作出各种选择，最后开展自主学习，这整个过程能够提升学生的自主学习能力。

第三，把握慕课课堂与传统课堂的关系。目前，慕课教育对我国的学校改革产生了比较深远的积极影响，慕课已经被广泛应用到我国很多的学习领域。然而对于教师和学生而言，他们在运用慕课开展教学的过程中，还需要适当地处理好慕课课堂与传统课堂教学的关系，即两者并不是一种完全对立的关系。由于各种实际因素的限制，慕课的应用范围会受到一些限制，因而在教学中，传统的课堂教学还是占据着重要的地位。慕课课堂和传统课堂之间的关系就是一种相互补充的关系，教师在教学实践中一定要处理好两者之间的关系，这样教师才能利用慕课课堂提升学生的学习效率，并激发学生的学习兴趣。

（四）现代教育技术下的慕课教学实践

下面以"外国教育史"课程教学为例，阐述现代教育技术下的慕课教学与线下教学结合进行教学改革的实践。

1. 现代教育技术下的慕课教学实践意义

（1）提供专业化能力培养平台。慕课资源是教师开展慕课教学的基础，它可以将线下和线上的资源进行整合，从而发挥出更大的作用。随着科技的发展，慕课教学平台的建设也逐渐完善起来。因此，慕课为学生专业能力的培养提供了平台。

（2）创设课前学生自主学习的环境。"外国教育史"是教育学类专业的基础课，这门课程有很多知识性内容：课程要求学生运用辩证唯物史观理解评价外国教育史所蕴含的教育思想史和人文精神；理解外国教育发展史与人类文明史之间的关系；并将最新的学术研究成果与外国教育史经典内容有机结合，为认识和思考当代教育提供有益的借鉴以及启发。面对教育史繁杂的内容，仅靠课堂 48 个学时是远远不够的，因此，需要学生自主学习，而慕课为学生的线下学习搭建了良好的平台，同时慕课还搭建了相互交流的平台，学生可以在慕课平台中与参与慕课的同学进行线上交流，从而提高学生的自主学习能力。

（3）构建线上线下混合式的教学模式。应用慕课主要是为了改革外国教育史的教学模式。教师主要将慕课的视频材料链接或者参考资料通过网络分发给学生，供学生课下完成基础的背景知识。课堂学习的方式是帮助学生深化理解、讨论和如何利用所学理论，并联系实际加强对现有教育现象和教育问题进行分析，并指导我们如何从历史当中吸取经验教训，智慧地解决我们今天所面临的教育困惑和问题，进而培养学生的批判性思维和创造性思维。

2. 现代教育技术下的慕课教学实践应用

（1）慕课在理论课课前预习中的应用。

第一，构建专业精的教师团队。将慕课应用于教育史理论教学的课前预习是一种创新，这种混合式的教学模式能够给教育史的教学带来全新的活力，但这种混合式的教学模式也对教师提出了更高的要求，即学校必须构建一支具有较强专业能力和信息技术能力的教师团队来开发和维护慕课平台的运行和安全等，从而保障英语慕课的顺利开展。此外，这支教学团队一定要更新教学理念，在教学中始终做到以学生为中心，从根本上提升学生理论学习的积极性。

第二，打造慕课平台，丰富线上教学元素。慕课的制作以及运用都离不开网络这个平台，对于学校而言，需要不断更新并且维护自己学校的网络平台，在固定的时间对学校的网络平台进行维护，从而使网络的运行更加顺畅，也能使学生获得比较良好的外国教育史慕课体验，这能吸引学生的目光，提高学生学习教育史的乐趣。此外，各学校还应大力提升学校的信息技术，使校园的每个角落都覆盖上无线网，以便于学生利用碎片化的时间学习教育史中知识性的内容。

在外国教育史的理论课教学中，教师需要录制一些知识性的小视频，如外国教育史的内涵、外国教育史学科的发展，现代欧美教育思潮中的改造主义教育、存在主义教育、结构主义教育、要素主义教育、新行为主义教育、人本主义教育等都比较适合录制慕课视频。慕课视频时长一般在 10 分钟之内，因而这就要求教师一定要保证慕课视频的质量。同时，要在慕课视频中设定相应的练习题供学生参考使用，用于学生自己检测听课的效果。除此之外，教师还需要在网络上注册互动论坛，方便教师和学生的沟通与交流，提升学生自主学习的积极性和信心。学生可在论坛上提出任何与慕课内容相关的问题，并由教师进行解答，其他学生也可跟帖交流，共同分享、相互切磋、携手进步。

第三，推动传统课堂改革、完善线下教学。对于理论课的学习而言，背景知识非常重要。虽然慕课具有非常多的优势，但是这种教学模式也只是课堂教学的一种重要补充，是无法替代教育史的课堂教学的。混合式教学模式使各种理论知识实现了网络在线讲解，学生能够在课下利用碎片化的时间自主地掌握理论知识，从而突破传统课堂在时间与空间上的限制，将传统的理论灌输的教学模式转变为任务驱动型教学模式，也能实现教学目标由理解、记忆知识向应用理论与提升技能转变。基于这一点，我们应当积极对传统的理论课堂教学进行变革，将混合式教学模式有机地融入理论教学中，实现传统课堂与在线网络教学的有机融合，不断满足学生的多元化需求，进而促进学生学习能力的提升。

在课前的慕课中，学生可能会或多或少地遇到一些问题，在线下课堂中，教师可以针对学生所遇到的问题进行深入分析，帮助学生分析问题和解决问题。需要注意的是，在线下教学内容上，应当将重点放在知识的运用和如何用理论分析教育问题的训练上，同时培养学生的批判性思维。

第四，重建课程评价考核机制。评价考核是非常重要的一个环节，通过评价考核，教师能够对学生的知识掌握情况形成系统的了解，学生也能够发现自身存在的不足。在混合式教学模式下，学生的学习、互动与考试有机地融为一体，使评价考核的形式更加多样化，能够全面地展现学生的学习情况。因此，教师应当对慕课教学中的课程评价考核机制进行重建，将学生的课堂表现、作业情况、期末成绩与线上学习的各种表现结合起来进行评价，与此同时，还要将教师评价同学生互评及学生自评相结合，从而得出最终的评价考核结果，这种评价考核形式具有非常明显的优势，主要体现在重视评价对象的素质发展、强调评价主体的多元化、尊重学生的个体差异。总而言之，这种评价考核方式不仅使教师的主导作用得到有效发挥，而且可以充分发挥学生的主体作用，有助于激发学生学习的积极性与主动性。

第五，培养学生自主学习策略。虽然慕课作为一种新兴的教学形式具有非常明显的优势，但需要注意的是，慕课毕竟需要通过网络来开展学习，容易使学生在使用网络的过程中受到诸多因素的干扰，进而对学生的线上学习造成影响。因此，运用慕课开展教学活动时，应当重视教师的引导、启发与监督，及时对学生的不良学习行为进行纠正，以保障教学活动的顺利进行。

对于学生自主学习能力的培养，教师需要注意：①在学生开展自主学习之前，教师应当采用多种方式对学生的现有学习水平形成系统的把握，并指导学生制定适合自己的学习目标。在每次慕课开始之前，教师要制定好导学提纲，使学生对每次课程的学习目标与任务产生明确的认识，积极运用在线分享、在线答疑等方式进行教学互动，并且营造和谐、宽松的学习氛围，使学生对课程的评价方式有清晰的了解，重视学生内在学习动机的激发。②指导学生根据自身的实际情况制订合理的学习计划，既要制订长期的学习计划，也要制订短期的学习计划。此外，教师还要为学生提供丰富的、合适的学习资源，并使学生掌握有效的学习策略。在学生开展自主学习时，教师要为学生个人及班级整体提供有效的学习策略的指导，鼓励学生根据自己的实际情况选择适合的学习方法，并对学生的学习情况进行跟进并及时帮助学生进行学习策略的优化。

（2）慕课在课堂教学中的应用。

第一，慕课在外国教育史教学中的作用。

一是慕课环境下能够快速获取外国教育史资料。在传统的外国教育史教学中，学生的史实资料通常是从书籍中获取的，但是书籍的资料比较有限，而且查阅起来也需要耗费一定的时间与精力，很多时候学生往往很难获得真正适合自己的资料。慕课教学使这一问题得到了极大的缓解，在网络的辅助之下，学生可以随时随地且非常精准地获得自己所需的教育史资料。此外，学生利用慕课网络针对外国教育史的相关问题展开交流，也能有效地拓展学生的思维。

二是慕课环境下能够扩展学习空间。在外国教育史教学设计中，教师可以有针对性地选择一些优质的外国教育史慕课，目前慕课平台上有河南大学外国教育史的慕课资源和北京师范大学外国教育史的慕课资源，除此之外，哔哩哔哩网站和网易公开课上也有丰富的教育资源，通过这些资源学生能更多地接触名校的优质课程，进而激发学生学习外国教育史的兴趣与积极性，促进自主学习能力的不断提升。此外，在慕课平台中，学生可以自主地搜集相关的外国教育史资料，查阅各种优秀的帖子，并与帖子的发起者在线互动，更加拓宽了外国教育史的学习空间。

三是慕课环境下能够优化教学资源，提高教学效果。外国教育史的学习内容复杂多样，从知识点覆盖面来看，覆盖了外国教育史三条线索——教育制度史、教育思想史、教育实践史；按专题来分又分为四大专题——古代文明古国教育史、西欧中世纪的教育、国别教育发展史以及著名教育思想家的全部内容，其内容庞杂，线索互相穿插，教学时只采用传统的课堂教学是很难完成这些教学任务的。而慕课资源具有共享性、开放性、互动性等诸多优势，学生借助慕课平台，可以利用碎片化的时间完成基本知识的学习、复习和落实，为课堂的深度学习打好基础和做好准备，可以提高教学效果。

第二，慕课环境下外国教育史课程的教学模式。

一是以慕课教学平台为切入点。教师在开展课堂教学之前，需要和学生做好诸多准备工作，当教师在慕课平台上发布了具体的预习内容之后，学生学习慕课视频，在此基础上按照分组进行讨论，与组员进行交流，积极发表自己的见解，并且主动搜集相关资料，为下一步的翻转课堂和小组汇报做准备。

二是慕课学习环境的构建。学生在预习完成之后，可以将个人预习成果和小组讨论结果上传到慕课平台上，教师则及时在平台中检查学生的学习情况。由于学生在自主学习水平与思维方式上存在不同程度的差异，学生的学习成果和表达水平所体现出的差异也非常显著。教师应当及时发现学生预习和文字表述中存在的各种问题，及时进行指导，引导学生对教育思想的认识走向深入，在这一过程中促进认知水平的提升。与此同时，教师还可以选择一些优秀的发言或者小组讨论作为展示范例，让学生参考与借鉴，使学生积极学习他人的长处，并及时发现自己的不足，进而取长补短，不断完善自己。在评价环节优秀作业便是平时学习成绩的主要体现，学生在此环节中获得的荣誉感和成就感都会体现在综合考评中，促进学生互相之间组建自主学习的团体。

三是慕课平台下外国教育史互助学习模式的实施。在慕课平台开展外国教育史互助学习模式需要注意两个方面的内容：一方面，教师要积极主动地为学生提供相关资料。慕课作为一种崭新的教学形式，具有高度的系统性，教师应当充分发挥慕课平台的优势，在充分把握学生已有知识的基础上，为学生提供丰富的学习资源，也可以在慕课平台上为学生设置一些相关资料的链接，使学生在需要时可以快速、准确地获取。另一方面，慕课教学对学生的个性化学习非常重视，因此，为了使学生的个性化学习取得更好的效果，教师应当重视慕课平台中各种资料的整合，使各种资源得到优化配置，从而激发学生的学习兴趣，使学生有用所学理论知识指导教育实践的自觉性和主动性。

第三节　现代教育技术下的翻转课堂教学实践

一、翻转课堂教学的产生、特征及其优势

（一）翻转课堂教学产生的背景

1. 信息化时代背景

随着信息技术的不断发展，它对人们的影响也深入社会的方方面面。学校教学想要实现自身的改革与发展，也必须搭乘信息技术的东风，提高课堂效率，实现个性化学习，从而逐步提高学生的合作能力。随着社会的进步，人类的科技更为发达，空间技术、电子计算机技术以及原子能技术等的发展促使人类的生产与管理活动更加先进，第三次科技革命的发展使得信息技术获得了飞速发展，并且对社会产生了极为深远的影响。

当前社会处于数字化以及信息化时代的转型时期，新技术的发展也给各行各业带来了新的发展机遇，在当前时代，教育领域应该重新审视教育的模式和方法，并应该将新技术运用到教学中，让教学发挥出更大的实效性。处于信息化的潮流中，教育的目标之一必然包含着让人们拥有获取信息、分析信息、处理信息的能力。在不同的教育方面以及环节，信息技术都会对其产生颠覆性的影响，当前的信息技术不仅改变了学生学习的习惯，并且也将会逐步改变学校教育的模式，所以，当前的学校也应该及时转变教育理念，积极探索

信息革命下教育变革的方法与方向。"翻转课堂的引入使延长学习时间、提高学习品质的实践性知识学习成为可能"①。

2. 需要变革的教育实际

在网络技术发展的背景下，人类社会显然已经步入了信息化时代，在当下，人们不仅需要具备专业技能，还应该拥有一定的信息化能力。例如：应该掌握各种信息技术，并且能学会处理各种突发状况；应该拥有自己独特的想法，而不是随波逐流；应该积极学习新的事物，而不是故步自封；等等。因此，当前教育的目标与以往相比显得更为丰富了，也更加重视个人的成长。

3. 亟待创新的社会需要

当前社会的生活节奏较快，并且对每个个体都提出了更高的要求，在当前时代，人们不仅要快节奏地学习各种新鲜事物，而且也需要做一个积极的求知者，因为不论是谁要想不被社会淘汰都应该保持随时学习的能力，这样才能适应瞬息万变的社会发展，去应对未来的不确定性。人们需要紧跟时代的步伐，在新的社会背景下，重新审视自己的工作与生活，当前社会所需要的不仅是具有知识与技能的人才，还对人才的学习能力、发展潜力以及创新能力等提出了更高的要求，这就促使教师重新审视教育问题，怎样去培养学生，才能让学生获得更好的发展。

4. 学生的差异化需求

不同的学生个体之间都是独特的，并且都存在着差异，这些差异主要表现在以下方面。

（1）认知差异。认知方式又被称为认知风格，是学生在组织以及加工信息的过程中所表现出来的个体差异，其实质是个体在感知、思维、记忆等认知过程中所表现出来的不同的态度与方式。例如：部分学生喜欢在安静的环境中去学习，但是对于有些学生而言，那些嘈杂的环境也并不影响他们的学习进度；有些学生拥有极强的逻辑思维能力，但是有些学生却擅长形象思维，学生的认知风格是各有差异的。

（2）学习风格差异。学习风格是学生在学习过程中喜欢并习惯了的学习方式，代表的是不同学生学习策略以及倾向的总和。不同学生的学习方式是不同的，学习风格并没有好与坏的区分，和智力也没有多大的关系，不能单纯地去定义学得快的就一定好，学得慢的

---

① 杨宁，林丽征，徐梦诗. 翻转课堂教学理念下的"现代教育技术"新课程设计与实施 [J]. 中国远程教育（综合版），2015（3）：61.

就一定不好。对于不同学习风格的学生，他们对知识点的掌握也是有差异的。在传统的课堂上，部分学生并没有足够的时间去吸收课上的知识，但是，知识的内化显然是需要一段时间的，如果给那些学得慢的学生足够的时间去消化所学的知识，他们或许会拥有更加牢固和长久的记忆。

（3）学习动机差异。学习动机也属于一种非智力影响因素，包含学习的兴趣、学习的意志力等，能够起到维持和激发学生学习的作用，学习动机并不会对学生的认知过程有直接的影响，但是会间接地增强学生的学习效果。例如，有些学生拥有较强的学习意志力，能够在一段较长的时间内保持良好的学习状态，所以在教学的过程中，教师应该关注不同学生学习的非智力因素，根据学生的差异，制定出不同的学习目标，让学生获得个性化的支持与指导。不同的学生个体都存在独特的认知方式，这些特质结合在一起就构成了不同的学生个体，在这个重视个性的时代，教师就应该善于发现学生的个性，并让其得到最大限度的发展。

（二）翻转课堂教学的特征

翻转课堂下的学习则将课堂变成了教师与学生以及学生与学生互动的场所，知识的获取是通过课后看视频获得的，这样就可以让学生有足够的时间去内化课堂知识，通过课堂讨论，学生也会对这个知识点有更加深入的认知。翻转课堂是由教师创建教学视频供学生在课前观看，在课堂上通过师生的面对面交流从而让知识得到传播的一个过程。作为一种新型的教学模式，翻转课堂实现了对传统教学结构的重构。

1. 颠覆传统教学的过程

与传统课堂相比，翻转课堂最大的特征是颠覆了传统的教学过程，在过去，教师是在课堂上讲解各知识点的，学生则选择在课下完成教师布置的作业，显然知识的传授是在课堂上进行的，知识的内化环节是在课堂之后完成的。但是，在翻转课堂模式下，学生会在课前提前观看教师发布的教学视频，从而完成知识的学习，显然知识的内化过程是放在课前完成的；在课堂上，学生就会针对一些不明白的问题请教教师，教师就会给出有针对性的指导，除此之外，学生还可以通过小组讨论的方式实现对知识的内化，从而达到学以致用的目标；在课后，学生就会借助各种教学资料实现对所学知识的巩固与深化，翻转课堂已经颠覆了传统的教学过程。

2. 重新划分课堂的时间

在翻转课堂模式下，教师所占用的课堂时间变少了，学生拥有了更多的学习活动时间。在传统教学模式下，教师占据了大部分的课堂时间用来讲授各知识点，学生处于完全被动的学习状态，但是在翻转课堂中，课堂上的大部分时间留给了学生，他们可以通过相互讨论以加深对知识的理解，也可以获得教师更有针对性的指导。原本在课堂上讲授的知识被转移到了课下，但是却没有减少学生学习的知识量，并且还增加了学生之间的交流，这一转变显然可以提高学生对知识的理解。除此之外，教师在评价学生的时候，也会将课堂中的交互考虑在内。根据教师的评价，学生可以及时了解自己的学习情况，更好地掌握相关知识，在翻转课堂模式下，需要教师重新分配课堂时间从而实现课堂时间的高效利用。

3. 教师与学生角色的转变

在教学过程中，教师与学生的角色发生了变化，此时学生已经成了学习的中心。在学生需要指导的时候，教师应该给他们提供必要的支持。显然，教师成了学生获取资源、处理信息的帮手，这就意味着在当前的教学模式下，教师已经不再是课堂的中心，其已经变成了教学的积极支持者，并且教师也需要提高自身能力从而应对教学环境的转变，如教师应该学会制作视频资源，学会更好地管理课堂等。在完成某个单元之后，教师需要检测学生知识的完成情况，学生也能对自己的知识储备有一个大致的把握。

在传统课堂的课后知识内化过程中，如果没有得到教师的支持，学生往往会有一种挫败感，长此以往就会丧失学习的兴趣。在翻转课堂模式下，学生摆脱了传统模式下被动接受知识的角色，成了知识意义的主动建构者，他们完全可以根据自己的步调选择学习的进度，对于难以理解的地方可以通过反复观看视频直到自己弄懂为止。在课堂上，学生也可以与教师、同学一起完成某一任务，显然学生的角色变为了知识的主动探究者。

4. 创新知识传授的方式

在翻转课堂中，教学视频是组成课堂最重要的部分，教师应该提前准备好教学视频以供学生学习。对于教学视频的讲授而言，所针对的往往是某一个特定的主题，所用的时间比较短，大多数会维持在 10 分钟以内。在观看视频的时候，学生可以随时按下暂停键，也可以选择重播，学生就可以根据自己的进度控制学习进程。在课前观看视频，学生的学习氛围会更加轻松，不需要像在课堂上那样紧张，也不必担心会遗漏部分知识点，以视频呈现为主的讲授方式还能利于学生课后对知识的巩固。

（三）翻转课堂在教学中的优势

1. 改变师生角色定位

在传统教学模式中，教师在课堂中的角色定位属于课堂中的传播者和讲授者，属于课堂教学中的核心角色，这也使得学生在学习中处于被动地位。在传统课堂目标设定过程中，教师会在固定的时间和空间上将知识全部传授给学生，确保学生可以对更多的知识进行获得。但在这种教学模式的影响下，学生的主观能动性无法得到有效发挥，学习效果也无法得到提升。在翻转课堂的影响下，学生可以通过视频对相关学习内容进行了解，从而掌控学习进度。

2. 有利于学生自主学习能力的培养

在翻转课堂作用下，传统教学中的"教"和"学"顺序发生了颠覆。从心理学角度而言，学生在学习中主要会经历知识传授、知识内化两个过程。在传统教学模式中，教师主要在课堂上进行知识讲授，学生通过课后练习和作业对所学知识进行内化。在翻转课堂中，学生的知识内化过程会得到教师的陪同和参与，学生在遇到困难时，可以得到教师的帮助，真正做到知识的内化和巩固，最终实现教学和学习效果的有效提升。总而言之，翻转课堂对时间和空间两个维度进行了有效翻转，建立"先学后教"的教学新模式。

3. 促使教师提升信息化的教学技能

在"互联网+"教学时代的影响下，教师需要掌握各种信息化教学技能，如微课制作、教学内容设计、虚拟仿真设计等，并根据学生的反馈情况，对课堂组织能力进行提升。为了完成微课教学视频内容，教师应对信息化教学技术进行研究和学习，从微课程、网络课堂等角度着手，对教学内容进行不断修改，最终实现教师信息化技术的全面提升。

二、现代教育技术下的翻转课堂教学设计

（一）现代教育技术下的翻转课堂教学设计要素

在设计教学系统的时候，应该明确设计的基本要素，包括教学目标、教学内容和教学方法等。翻转课堂是对传统课堂教学结构的颠覆，它改变了传统的以教师为中心的教学观念，更加侧重信息技术的使用，并对学生自主学习能力和协作学习能力等都作出了具体的规定。现代教育技术下的翻转课堂教学设计的要素如下。

1. 翻转课堂的学习内容

学习的内容是通常意义上的教学内容，按照知识量的多少，可以将教学内容进行细

分，如一门课程、一节课或者是一个知识点，知识是由多个知识点构成的，知识点是构成教学内容的最小单位。在传统教学模式下，教师主要依据课程的标准去确定教学的重难点，并且在讲授各种知识的时候也主要依靠教材上的顺序进行依次讲解，但是鲜有教师将知识点进行整合。在翻转课堂模式下，这些知识点学生已经在课下提前学过了，所以就改变了课堂的目标，这显然需要教师花费精力，对知识进行重新划分和整合。

在翻转课堂模式下，教师在设计教学内容的时候，可以遵循"拆分—整合"的顺序，将不同单元里的知识点摘取出来，并将其进行仔细分类，这样有利于学生明确不同知识点之间的内在联系。教师也应该纵观教学目标，将这些知识点放在合适的时间讲给学生。在录制相关教学视频的时候，教师既可以专题的形式组织各知识点，也可以按照教材的顺序对其进行重新排列，将各知识点融入不同的任务中。

2. 翻转课堂的学习资源

在学生学习各项活动的时候需要相关材料的支持，教师就可以将这些材料称为学习资源。如果教师为学生选择合适的学习资源，那么显然可以降低学生的认知负荷，提高学生的学习效果。按照来源的不同，可以将学习资源分为3类：①原创资源，是由教师根据教学的需要自己创造出来的那些学习资源；②引用资源，这类资源不是教师独创的，而是根据教学需要借用的其他地方的资料，这些资料往往是作为辅助性资料使用的；③生成资源，在教学过程中所产生的与学习相关的资源，包括学生的记录、反思等。

3. 翻转课堂的学习目标

在开展教学设计的时候，应该明确教学目标，并发挥出教学目标的导向功能和控制功能，让教学活动在教学目标的指引下向着正确的方向进行。在对当前的翻转课堂进行分析之后，教师可以将学生的学习过程大致分为两个阶段，即课前知识的内化阶段和课堂知识的内化阶段。在教育目标分类的指导下，教师可以将第一个阶段的重点放在记忆与理解，对于第二阶段，教师应该将其看作知识的应用阶段，由此可见，第二阶段的学习能有效提高学生对知识的应用程度。

4. 翻转课堂的学习活动

学习活动是师生行为的总和，一般情况下也可以称为教学活动，此处用学习活动的目的在于凸显翻转课堂以学生为中心的原则。教师可以将翻转课堂中的学习活动划分为两类，即课前自主学习活动和课堂交互活动。在课前，学生可以通过自主学习相关知识，提出一些与学习相关的问题，在课堂上就可以与同学就这些问题展开讨论，讨论的环节不仅能提高学生的口头表达能力，还利于学生思维的锻炼。在开展各项学习活动的时候，应该遵循各项学习任务的指引，让学生开展更为高效的自主学习和合作学习。

（二）现代教育技术下的翻转课堂教学设计过程

1. 突出活动设计宗旨

将翻转课堂融入教学中需要重视学生自主学习能力的培养，所以在开展活动设计的时候要做到和而不同。在课前准备环节，可以将学生分为多个小组，每个小组的人数在 4 人左右，教师可以定好教学要点让学生以组为单位进行学习材料的搜集；在课中，可以让学生展示搜集到的内容，不同小组之间可以取长补短，让自己的知识体系更加完善。

需要注意的是，在分组的时候应该遵循差异化的原则，让小组内成员实现优势互补。之后，小组内部可以推举出小组长，让他进行材料的整合以及各种问题的总结，这样就可以做到分而不乱。自主学习的开展费时费力，最理想的开展自主学习的时间是寒暑假，因为此时学生拥有大量的时间，在假期开始之前，教师就可以把任务提前布置下去，各小组成员也应该做好提前安排，这样就可以让学生拥有更加充裕的学习时间，从而更为合理地安排自己的学习内容。

2. 课前明确准备要求

对学生而言，翻转课堂拥有强大的自主性，在课程开始之前，教师就应该向学生阐明本次课程的具体要求：①应该明确情感目标，这样就可以让学生对本次任务的中心情感有明确的把握。②在课前，教师应该准备好丰富的学习资源供学生使用，如参考书、教案、相关的学习视频等。在完成资料的初步筛选后，应该将合适的学习资源上传到网上，让学生能自主观看。在学生开展自主学习之前，教师需要向学生阐述本节课的学习任务。在完成课前任务之后，教师就应该汇总学生学习时遇到的问题，及时答疑解惑。③学生应该对教师安排的任务有清晰的了解，不仅需要教师提供多样化的学习资源，还需要学生充分利用学习计划表，将自己在学习过程中遇到的困难记录下来。

3. 课中进行学生展示

课堂是学生展示自我、实现知识内化的主要途径，在课堂上，学生可以将自己搜集到的各种资料以多元化的形式展示出来，还可以在课堂上阐述自己的想法。教师可以为学生构建多种教学情境，从而形成良好的学习氛围，让学生的学习兴趣得以激发，进而主动去构建新知。学生之间也可以通过彼此交流实现对材料的内化，也能让学生参与到具体的教学情境中，并对知识产生更深入的理解，这样可以激发学生学习的积极性。通过协作学习可以逐步培养学生与人交往的能力，这是翻转课堂倡导下的主要学习方式，学生可以小组

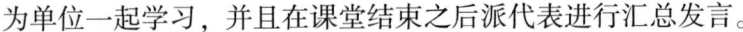

为单位一起学习，并且在课堂结束之后派代表进行汇总发言。

4. 课后升华学习成果

教师可以将学生课前搜集资料的阶段看成其知识的储备阶段，在课堂上，不同的小组成员之间可以通过相互交流实现知识的内化。在翻转课堂模式下，教师还是会以作业的方式进行学习成果的验收，随后，教师会在课后对学生提交的作业进行评价，从而明确不同学生对知识的掌握程度。

三、现代教育技术下的翻转课堂教学实践

下面以英语教学为例，阐述现代教育技术下的翻转课堂教学实践。

（一）现代教育技术下的翻转课堂教学实践要求

第一，学生设计的要求。为了让学生以更高的效率开展学习，教师应该做好教学设计，学生处于学习的中心位置，只有对学生进行深入分析才能让高效课堂的创建成为可能。在分析学生的时候，教师应该明确不同学生的个性，从而可以让学生实现个性化学习。教师在对学生进行分析的时候，可以分析学生的认知能力、学习态度等。应该让学生在课前学习相关知识，这样他们就能依据自己的节奏进行学习，对于不会的地方就可暂停视频进行思考。学生也需要具备一定的信息技术能力和自学能力，同时，教师还需要考虑学生的信息技能掌握情况。

第二，活动设计宗旨突出。在课前准备环节，可以将学生分为多个小组，教师定好教学要点，让学生以组为单位进行学习材料的搜集。在课中，可以让学生展示搜集到的内容，不同小组之间可以取长补短，让自己的知识体系更加完善。

第三，课中学生自我展现充分。学生可以小组为单位一起进行学习，并且在课堂结束之后派代表进行汇总发言。

（二）现代教育技术下的翻转课堂教学实践应用

在信息时代，翻转课堂是一种被师生欢迎的新模式，它颠覆了教师和学生的角色，与传统的教学模式有很大的区别。下面以英语阅读教学为例，阐述现代教育技术下的翻转课堂教学实践应用。

1. 翻转课堂在英语阅读教学中的应用设计

与传统英语阅读教学不同，翻转课堂改变了教师讲解内容的顺序，这部分内容被放在

了课程前。在课前，教师会为学生提供与所教内容相关的视频，学生通过观看视频完成自主学习，从而使学生原本需要在课堂上学习的知识在课前就完成了内化。而课堂的大部分时间就可以被用来解决学生在自主学习过程中遇到的问题，也可以用于教师与学生、学生与学生的讨论。

（1）课前教学设计。

第一，教师方面。首先，教师要根据学生的需求选择阅读材料。许多学生反映教师提供的阅读材料毫无新意，与他们的兴趣毫无关联，因而无法真正激发其阅读的兴趣，所以教师在选择阅读材料时必须从学生的角度出发，与时俱进，多选择一些游戏玩家、名人的英语访谈等。同时，还需要注意的是，翻转课堂阅读教学主要的目的就是要让学生可以实现深度阅读，因此阅读材料的篇幅不能太长，否则可能会影响学生阅读的效果。其次，教师需要根据自己教学的特点选择材料制作教学视频。可以将需要讲解的内容进行分割，相似的内容放在一个视频中，每个视频时长保持在10～15分钟，虽然每个视频是独立的知识点，但是，教师还需要保证每个视频之间的逻辑性，保证所有视频提供的知识是可以形成体系的。

第二，学生方面。学生在完成资料阅读之后就可以观看视频，学生要尽量掌握视频中的所有内容，对于重难点内容而言，还需要其多看视频，进行重点分析与总结。如果在学习完毕之后学生仍然存在一些无法解决的问题，学生就可以通过在线平台与同学一起探讨，也可以向教师请教。

（2）课中教学设计。

通常情况下，阅读理解存在两个层次：一个是字面层次；另一个是评断层次。学生在课前观看完视频之后只是达到了字面层次，这是因为学生只是通过阅读简单掌握了英语词汇的功能与句型等基础知识，对英语文字的基本信息有了一定程度的掌握，但并未对阅读内容有深入的认知。但是，阅读最主要也是最根本的目的就是要使学生可以达到评断层次，达到这一层次时，学生可以全方位地进行信息收集。然而实现这个层次其实并不容易，需要学生在课堂上集中注意力进行深度阅读，阅读完毕之后还需要就在阅读过程中存在的问题与同伴讨论。例如，教师可以让学生在完成阅读之后进行阅读材料的默写，这样不仅强化了学生的阅读效果，而且还在一定程度上提升了学生的阅读技能。

部分学生并不重视阅读，因此，在教学中教师要时刻提醒学生阅读的重要性，还要求学生要仔细研读阅读材料。仔细研读是学生进行深度阅读的一种形式，它能培养学生的高层思维技能。具体而言，教师可以采用示范研读的方式，在教师阅读完之后，学生进行集体研读，一方面学生可以锻炼自己的口语能力，另一方面学生还能初步掌握文章的逻辑结构。当然，教师没有必要一次性就将文章读完，可以先领学生阅读一个片段，当片段阅读结束之后，就可以让学生自己分析段落的结构、主题。之后教师可以对学生进行分组，让学生以小组的形式对刚刚阅读的内容进行分析、讨论，并对学生讨论的结果予以点评。小组合作学习能让学生学习到其他同伴高效的阅读方式，同时也能使其认识到自己在阅读过程中存在的不足。

（3）课后总结与巩固。

第一，教师方面。在阅读课结束之后，教师还需要分析学生在课堂上的表现，从而准确掌握学生在阅读学习上的优势与不足，并将其存在的问题通过微信等聊天工具反馈给学生，与此同时，教师也可以根据学生的问题向其有针对性地提出一些改进建议。

第二，学生方面。学生根据教师的反馈反思自己的学习，并根据教师的建议重新拟订英语阅读学习计划。

2. 翻转课堂在英语阅读教学中的应用步骤

大多数学生的英语阅读总是会被学生的自身因素与各种客观因素所影响，而翻转课堂模式在英语阅读教学中的应用，让阅读教学变得更加高效，同时学生的阅读学习质量也得以提高。翻转课堂模式在英语阅读教学中的应用，主要可以通过以下步骤实现。

（1）教师制作视频，教授学生正确的阅读步骤。教师可以先在互联网上搜集一些与教学内容相关的视频，然后再结合自己的教学经验制作教学视频，视频的时长不宜过长，保持在 10 分钟左右为佳。视频的内容主要是讲解英语阅读的具体步骤，以帮助学生规避阅读过程中的一些错误。

第一，学生在第一遍阅读时要保证一定的速度，实现快速通篇阅读，这样做的主要目的是梳理文章脉络，了解文章的主题。

第二，学生在第二遍阅读时要绝对的认真，在学生阅读完成之后，教师需要引导学生对阅读材料中的重难点问题进行分析，从而使其可以自主解决问题，当然，学生如果无法解决，教师可以向其提供帮助。

（2）教师设计课前问题引导、课后问题检查。为了使视频可以起到预期效果，教师可以在结合课后问题的基础上向学生提出一定的学习要求与目标，同时还可以为其设计一些课前问题，让学生带着问题去阅读，这样学生的阅读就具有很强的目的性，保证了学生能够认真对待阅读。

此外，还需要注意的是，对于一些精读课文，学生不能如同对待其他一般性课文一样，仅只掌握课文结构与主题大意，而是应该加强语言基础训练，提炼课文中的语言点，在课下进行反复练习。如果学生无法提炼课文中的语言点，教师就可以行动起来，帮助他们分析课文，为其圈出其需要了解与掌握的一些重难点内容。课后巩固依然重要，这需要学生在课下自己完成相关阅读训练，并将问题反馈给教师，教师要对学生的问题进行检查，并给出合适的解决建议。

（3）选取英文报刊的文章。学生通过互联网可以了解到来自世界各地的知识，因此，教师必须提高自己的专业水平，否则教师有可能都无法跟上学生的脚步。教师在教学之外还应多注意搜集一些比较有名的英语期刊，通过阅读期刊丰富自己的英语知识，提高自己的英语水平。需要指出的是，这些英文期刊并不只是教师提升自己专业水平的方法，学生也可以通过阅读英文期刊强化自己的英语阅读学习。

教师可以灵活设置报刊阅读课程，多给学生一些阅读报刊的机会，同时还要为学生积极创设阅读情境，让学生在真实的情境中培养自己的阅读思维。每个英文期刊都包括不同的栏目，学生应该主动选取那些有着自己喜欢栏目的英文期刊进行阅读，而且，有些期刊对于一些重难点词汇还有标注，这更方便了学生的自主学习。因此，学生应该在生活中主动阅读英语期刊，不断提高自己的英语阅读能力。

总而言之，翻转课堂不仅能够拓展教师搜集英语阅读材料的渠道，丰富其英语阅读教学的方法体系，同时也让学生认识到了阅读学习的重点不应是将注意力放在某个单词、语法的学习上，而应该是在理解文章主旨的基础上培养阅读技巧。在这样的英语课堂上，学生会转变对于阅读学习的看法，也会更加认识到英语阅读的魅力，从而自觉进行英语阅读学习。

参考文献

[1] 左晓光. 教育的本质 [J]. 师道·人文, 2021 (2): 1.

[2] 赵林洁. 浅谈教育的本质 [J]. 才智, 2017 (33): 80.

[3] 张蓓. 浅析教育的目的 [J]. 时代经贸, 2014 (3): 328.

[4] 李纪伟. 数学教学的组织 [J]. 新课程 (教育学术), 2012 (4): 74.

[5] 颜英利. 大数据背景下高校教学资源整合研究 [J]. 中国成人教育, 2018 (24): 37-39.

[6] 邓世强. 课堂教学的组织 [J]. 新教育时代电子杂志 (教师版), 2017 (12): 68.

[7] 许艳玲. 现代远程开放教育教学设计的原则 [J]. 林区教学, 2014 (3): 115.

[8] 李燕. 现代教育信息技术与体育教学的融合——评《体育教学的信息化教学理论与实践研究》[J]. 中国科技论文, 2019, 14 (10): 15.

[9] 张春燕. 融入现代教育技术突破语文阅读教学时空限制 [J]. 小学科学, 2023 (3): 82.

[10] 肖彦臣. 浅谈现代教育技术 [J]. 价值工程, 2012, 31 (15): 282.

[11] 孙智勇. 基于 P2DR 模型的数字校园网络安全防范探讨 [J]. 现代信息科技, 2017, 1 (1): 210.

[12] 杨桂英, 许桂芬. 关于多媒体教室的探讨 [J]. 改革与开放, 2011 (6): 179.

[13] 阿合买提·阿同白克. 现代教育技术在广播电视大学远程教育中的应用 [J]. 现代职业教育, 2017 (12): 46.

[14] 蒋锦健. 信息化平台下高校教育信息化建设与教学管理的创新发展 [J]. 中国成人教育, 2017 (5): 41-43.

[15] 焦建利, 陈彩伟. 高校整合慕课的教学模式与实施路径分析 [J]. 浙江师范大学学报 (社会科学版), 2019, 44 (4): 9-15.

[16] 梁泽鸿, 全克林. 面向智慧教育的高校教师信息化教学能力提升 [J]. 中国成人教育, 2018 (19): 145-147.

[17] 刘怀金, 聂劲松, 吴易雄. 高校数字化教学资源建设: 思路、战略与路径——基于

教育信息化的视角 [J]. 现代教育管理, 2015 (9): 89-94.

[18] 马帅, 赵鸿雁, 赵巍, 等. 高校信息化教学资源的整合策略 [J]. 科技风, 2017 (22): 61.

[19] 聂凯. 移动网络课堂与信息化教学资源的传播分析 [M]. 成都: 四川大学出版社, 2018.

[20] 汤悦林. 我国高校教育教学评估的文化历程 [J]. 高教发展与评估, 2010, 26 (3): 14-18.

[21] 田晓伟, 彭小桂. 在线教育服务行业资本化进程审思 [J]. 教育发展研究, 2020, 40 (9): 20.

[22] 王娟, 郑浩, 高振, 等. "双减" 背景下在线教育智慧治理框架构建与实践路径 [J]. 中国电化教育, 2022 (2): 40.

[23] 王晓, 王志权. 慕课背景下中国高校教学模式研究 [J]. 国家教育行政学院学报, 2015 (10): 41-45.

[24] 魏刚. 信息化教学资源的开发与应用 [J]. 信息与电脑, 2017 (1): 206.

[25] 翁举闻. "双减" 背景下高质量教育生态的重构与创新 [J]. 课程教育研究, 2021 (36): 7-8.

[26] 翁灵秀. 浅谈教育信息化 [J]. 求知导刊, 2017 (20): 123.

[27] 高宏卿, 汪浩. 基于云存储的教学资源整合研究与实现 [J]. 现代教育技术, 2010, 20 (3): 97-101.

[28] 葛瑞泉. 人工智能背景下翻转课堂模式在高校计算机教学中的应用 [J]. 新一代, 2021, 25 (6): 212.

[29] 付智勇, 郭文娟. 智慧校园建设在教育教学管理中的作用 [J]. 电子技术与软件工程, 2019 (11): 258.

[30] 许湘云. 慕课背景下高校普通话教学改革探究 [J]. 才智, 2022 (28): 95.

[31] 闫志娟. 慕课教育视域下高校茶文化英语翻转课堂教学模式的构建 [J]. 福建茶叶, 2019, 41 (1): 140-141.